销售的艺术

孟令玮 编著

煤炭工业出版社
·北京·

图书在版编目（CIP）数据

销售的艺术/孟令玮编著. -- 北京：煤炭工业出版社，2018
 ISBN 978-7-5020-6834-9

Ⅰ.①销… Ⅱ.①孟… Ⅲ.①销售—方法 Ⅳ.①F713.3

中国版本图书馆 CIP 数据核字(2018)第 190508 号

销售的艺术

编　　著	孟令玮
责任编辑	高红勤
封面设计	荣景苑
出版发行	煤炭工业出版社（北京市朝阳区芍药居35号　100029）
电　　话	010-84657898（总编室）　010-84657880（读者服务部）
网　　址	www.cciph.com.cn
印　　刷	永清县晔盛亚胶印有限公司
经　　销	全国新华书店
开　　本	880mm×1230mm 1/32　印张　7 1/2　字数　200 千字
版　　次	2018 年 9 月第 1 版　2018 年 9 月第 1 次印刷
社内编号	20180536　　　定价　38.80 元

版权所有　违者必究

本书如有缺页、倒页、脱页等质量问题，本社负责调换，电话:010-84657880

前　言

销售是所有企业的核心环节，如何提高自己及企业的销售业绩，成为一名成功的销售人员，创造销售佳绩，达成自己的人生理想，我们可以换一种思维去思考和工作。

销售行为在这个时代已经无孔不入地存在于我们的生活中，如果想创造好的销售业绩我们必须要学会如何推销，并主动去学习，掌握推销的技巧。

作为一个推销员，我将怎样开始我的推销？如果我是一个企业，我又将如何进行我的推销？其实不管是企业还是个人所进行的推销面临的都是人——消费者，希望大家在销售的过程中永远不要忘掉这一点，只要有消费者的地方就有推销者的用武之地。当我们找到了客户，我们如何分析他的消费心理呢？推销目

标如何完成呢？仅仅是让其购买我的产品吗？让他以什么样的价格，什么样的方式购买呢？让他以什么样的心情去购买？他会再一次使用我们的产品吗？他是一个什么样的人？他会不会多买一些？……

　　事实说明，以上都是一个成功的推销者所应该考虑的问题。请认真阅读本书，您将得到想要了解的答案。

目 录

|第一章|
销售的概念

销售的概念 / 3

销售时需要讲述自己的故事 / 10

磨炼销售的技巧比低价策略更有效 / 15

保持最佳状态 / 21

向一个卖报老汉学习营销 / 34

|第二章|

自我销售的艺术

学会自我推销 / 41

自我推销也需要赞美 / 55

怎样与客户产生共鸣 / 66

销售的八个步骤 / 71

自我销售步骤的成功要点 / 75

自我推销的策略 / 79

掌握销售技能后的提升 / 82

记住对方的名字和重要的事情 / 86

如何销售自己 / 92

目 录

|第三章|

成功销售的关键

具备专业的销售技巧 / 103

销售的基本原则 / 116

销售人员的工作内容 / 125

|第四章|
销售的谈判法则

如何做好销售谈判的准备工作 / 147

如何打破销售谈判僵局 / 154

绕过障碍,与拍板人接触 / 160

不可缺少的谈判技巧 / 166

阻碍有效谈判的决策偏见 / 170

每天都发出爱的信息 / 174

目 录

|第五章|

销售的准备策略

如何制订销售策略 / 179

销售解说前的准备工作 / 182

让语言再委婉一些 / 186

永远都不要使用伤害对方的语言 / 188

在语言上占据主动 / 191

让你的声音充满阳光 / 197

机智的语言可以化解尴尬 / 200

专业销售人员的基础准备 / 202

怎样找客户 / 207

广告就是销售 / 213

走动的广告 / 215

销售计划 / 218

做工作计划，按计划工作 / 222

让您的每一天都卓有成效 / 225

第一章 销售的概念

第一章　销售的概念

销售的概念

我们经常听到这样的议论:"我前几天碰到的那个客户如何如何的不讲道理,如何如何的冷若冰霜,如何如何的难缠,我再也不想见到他,听到他的声音了。"听到他们讲这些,我不会否认在我们的客户群中有一些人确实不善于合作,甚至于根本不合作。这是一种必然的存在,客户的性格谁都无法改变。可是自信而聪明的人是不会因这些现象而退缩的,如果你希望在销售的过程中没有阻力,那几乎是不可能的事。一个成功的人是不会这样想问题的。每一个人都有自己的个性和做事情的方法,你想改变对方的性格吗?想让大家都对你友好吗?

我们都明白这不可能,那我们怎么办呢?我们只能放弃,去寻找那些愿意跟我们合作的人吗?可是,又有多少人会自愿走到我们面前,与我们合作呢?

事实上,这些问题并不难解决,你只需要让对方明白你所做的是什么?你为什么要这样做?向他证明你所提供的是对他有益的,当对方真正有需求的时候,就不会再拒绝你的服务。而要做到这一点你首先要明白什么是销售。

什么是销售呢?我们的定义很单纯。销售就是介绍商品提供的利益,以满足客户特定需求的过程。"商品"包括有形的商品及服务。"满足客户特定的需求"是指客户特定的欲望被满足,或者客户特定的问题被解决。能够满足客户这种特定需求的,唯有靠商品提供的特别利益。

例如,客户的目标是买太阳镜,有的是为了耍酷;有的是怕阳光过强,怕眯着眼睛容易增加眼角的皱纹;有的也许是昨天跟男朋友吵了架哭肿了双眼,没有东西遮着红肿的眼睛,不方便出门,因此要买一副太阳镜。每个人的特殊需求不一样,不管是造型多酷的太阳镜,如果镜片的颜色比较透光的话,那么这副太阳镜无法满足耍酷的目的,也无法满足担心皱纹以及希望遮住红肿眼睛的客户的特殊需求。因此,销售的定义对我

第一章 销售的概念

们而言是非常简单的。也就是说，您能够找出商品所能提供的特殊利益，满足客户的特殊需求。

您知道销售是什么，我们还要告诉您，销售不是"什么"。销售不是一股脑儿地解说商品的功能。因为您根本不知道客户的需求是什么？销售不是向客户辩论，说赢客户。客户要是说不过您，但他可以通过不买您的东西来赢您啊。销售不是我的东西最便宜，不买就可惜。若是东西因为便宜才能卖掉，那么，卖掉的原因是生产单位有效控制成本的功劳，不是销售员的努力。如果您没有便宜的东西能卖的时候呢，怎么办呢？销售不是口若悬河，让客户没有说话的余地。没有互动，怎么可能掌握客户的需求呢？销售不是只销售商品，因为客户对您有好感，才会信任您所说的话。您了解销售是什么后，下一个问题我们将说明销售的过程以及您该学习的销售技巧。

在我的销售生涯开始的时候，我常常认为是把东西卖出去就是销售，而每当我抱着这个目的的时候往往都不能达成销售目标。为什么呢？难道一个销售人员不应该把产品卖出去吗？

这是我们对销售的误解，我们都没有正确地理解"销售"这个词，那么，什么是销售呢？在《王牌销售与服务》中，笔者给出的定义非常的简单：销售就是介绍商品提供的利益，以

满足客户特定需求的过程。

我经常对我的学员说，在一个企业里，或者是在一个市场领域中，除非销售发生，否则什么都没有发生。没有销售，生产出来的产品将在仓库中等待报废，工人失业，运输服务无人需要，我们都将生活在困苦中，每人在自己拥有的小块土地上艰苦劳作，自给自足。但是想一想，如果没有别人把土地卖给我们，我们又怎么会拥有土地呢？

营销本身的追求在于刺激消费者发生行为改变，行为改变才是营销的价值所在。但是消费者行为怎样才能改变呢？营销者必然要知道、掌握消费者的内在心理和他的行为规则，尤其是其稳定的行为模式，而根据这个行为模式改变自己的行为，从而成为被消费者喜爱的厂商，然后才能赢得消费者对应的行为反应。营销是一种双向的行为改变，其本质就在于营销者与消费者基于心理接受的互动。

从公司的角度来讲，"在一个公司的经营过程中，除了销售是最赚钱的，其他所有的一切都是成本"。所以，我请大家记住下面这十条信念：

（1）今天，我生活中的一切都是崭新的！

（2）我是最棒的，一定会成功！

第一章　销售的概念

（3）成功一定有方法！

（4）我要每天进步一点点！

（5）我用微笑面对全世界！

（6）人人都是我的贵人！

（7）我是最伟大的推销员！

（8）我爱我的事业！

（9）我要立即行动！

（10）坚持到底，绝不放弃，直到成功！

因此，希望各位朋友在听我的"王牌销售与服务"这门课时，一定要记住做销售也是有信念的。这是我所在公司的信仰，也是我的信仰：

（1）每天背诵十大成功信念一次。

（2）吃早饭时，过一遍今天的计划，明确今天的主要工作。

（3）出门时，大声说"我是最棒的"。

（4）见到第一个人，对他真诚地说"早上好"。

（5）见到第二个人，对他微笑，打一个招呼。

（6）出门遇见第一个要打交道的人，首先赞美他30秒。不要求回报。

（7）只要有时间，就拿出自己的计划手册。

（8）先做当日最有希望成功的事情。享受一下成功的乐趣。

（9）为今天的第一次成功，在心里呐喊："太棒了，这么容易成功！"

（10）为今天的第一次不成功，在心里说："原来这样做不好，我知道了，下次一定会改进。"

（11）对你微笑的人，还他一个微笑，外加一个问候语。

（12）对你冷冰冰的人，送几个微笑，把腰板挺得更直一些。

到此时，也许你就会认识到，在我们的销售生涯中，我们的信仰什么？我们为什么坚信我们所做的？其他人，比如我们的父母在我们销售过程中，是否也为我们提供过一系列的价值观？对于这一系列的问题，我们可以这样说，人们之所以需要理由，除了考虑这个东西好不好，更重要的是看这个东西配不配。我们购买东西时，对于产品的实际信息所知是很有限的，最重要的是看它是否和我们生活方式里的其他东西相吻合。实际上，消费者就是消费品和品牌的结合体。匹配性是我们不同行为得以组成生活方式的前提。所以，在推销工作中，我们必须牢记："内容相同，动机不同，结果不同。"

第一章 销售的概念

在《感觉——卖产品不如卖感觉》中，内容也许和各位读者所看到的一样有一些相同之处，但因为所产生的动机不同，从而导致结果是不同的。就好像出发点不同，而到达终点的感受是不一样的。试问，为什么有人赚一百万就会很兴奋，而有人赚一千万却还愁眉不展呢？当然是源于其赚钱的出发点不同。所以，在销售的过程中，你一定要进一步明确你的动机，尽量利用你的动机让自己获得最大的成功。

销售时需要讲述自己的故事

在我的培训课中，我为什么能够感动我的学员？因为我时刻在讲述自己的故事。那么，在销售中，我们是否需要讲述自己的故事呢？如果问100个你认识的销售人员，他们的销售是以客户为中心，还是以产品为中心？他们会怎么回答？他们会说："增加自己同客户的对话，从而提高自己的销售业绩。"

在人们的意识里，我们是否对销售的认识会与以前有一些不同。现在，即使没有将销售的事实摆出，您的认识已经改变了很多。好的销售不是强有力销售，而是把问题提出，让别人用以往不同的方式进行思考。

第一章　销售的概念

经常有人问，能不能教他一招最简单、最实用、效果最好而且能立竿见影的销售方法？他的问题惹得大家哄堂大笑。恐怕世界上没有这样的方法。

认真考虑这个问题。也许那个人是个销售行业的新手，只有新手才会提出这样的问题。但反过来想，在销售这个挫折感相当强的行业里，对于新入行的销售人员来说，如果长时间看不到自己的进步，也许会彻底丧失信心而放弃销售工作。

这的确是一个很重要的问题。也许那个人提的问题有些幼稚，但每个人何尝不想找到成功的捷径？虽说"条条大路通罗马"，但如果你耗费了比别人更多的时间，绕了很多弯路才筋疲力尽地到达，在当今高速发展的社会中，你会为自己的低效率而付出代价。所以，我们还是需要努力去找一找"捷径"。

其实，再复杂的问题都会有简单解决的办法，就看你用不用心学。销售中出现问题，一定是你在某个环节没有做到位。例如，多数销售人员相信自己了解客户的需求。其实他们只是相信自己了解客户的需求，并不能给客户带来有价值的销售。他们相信自己提供的是对这种需求的解决方案，而不是产品。他们认为自己是以客户为中心的。这些想法成了他们在销售洽谈中做出必要改变的最大障碍。一个人心里想什么，有什么意

图，将会自然地呈现在他的脸上。因此，当你面对顾客时，必须有好的心情和真诚的面容。那种诚意会被对方捕捉到，不自觉地接近你。如果你脸上的表情是"口是心非"的，无论怎样卖力表演，顾客也会看穿你的"意图"。也为我们指出了销售方式有很多种，同时也有两个极端。一个极端是一般的产品式销售，基本上是独白，是对产品的陈述；另一个极端是咨询式销售，这是一种以客户的具体需求为着眼点的相互间的对话。所有的销售人员都处于这两端之间。

"只有留给人们良好的印象，你才能开始第二步。"在你向潜在客户推销产品或服务时，一定要考虑给他们留下的印象。假如你能吸引他们，事情就成功了一半。

一些销售人员很有人格魅力，他们依靠的是自己的人际交往能力和个人吸引力。另一些销售人员则是技术上的专家，他们知识丰富，但在"以客户为中心"方面却很薄弱。还有些销售人员被称为"交易杀手"，他们总是仓促地想要得到结果，而这样做的代价就是破坏了和客户的关系。尽管这些销售方式的特点都具有极端性，但它们却为人们设置了场景，让人们能够深入思考应该如何开展销售。

大多数销售人员都采用将各种方式综合到一起的销售方

第一章 销售的概念

式。他们希望被喜欢,希望被信任,希望达成交易,并希望满足客户的需求。但是对多数销售人员而言,这种将各种方式融合的做法最多只会产生一种半咨询的方式。尽管半咨询式的销售者可以确定客户的需求并且成果不菲,但他们却无法达到自己应该达到的最高高度。

咨询式销售的销售人员会与客户展开有效而且积极活跃的对话,这使他们把自己和对话联系得更紧密,也能够从中学到很多东西。在对话中,销售人员和客户间的交流是均衡的、积极的。他们做的事情看似容易,但事实上并非如此。

半咨询式销售和咨询式销售的区别很微妙,如果所有其他因素基本都相同,那么它们的区别就是最终赢得业务或者输给竞争对手。此外,销售人员是被看作技术专家还是值得信赖的顾问,这也是两种销售方式的区别。面对各项条件相对等同的竞争对手,业务成功与否的关键是销售人员或销售团队的销售洽谈。在这样的情况下,就需要销售人员能够掌握一些洽谈方法。具体的方法有以下三种。

方法一:评估你的销售洽谈。你同客户之间谈话的互动程度有多大?对你而言,谁给予信息和获得信息的比率是多少?

方法二:去做些与众不同的事。问一些更深入、更具穿透

力的问题。

方法三：停止从教育客户的角度考虑问题。多考虑一下如何让自己更好地了解客户。

第一章　销售的概念

磨炼销售的技巧比低价策略更有效

表现出色的销售人员常说，他们和客户之间的销售洽谈听起来更像是在和客户聊天，而不是在"销售"。而这种销售比用低价吸引团购客户的策略更有效，因为低价策略容易使企业陷入"微利的陷阱"。相形之下，"磨炼销售的重要技巧，满足客户需求的策略"比低价更能打动客户！正因为如此，你要学习以下六种重要技巧，才会使销售洽谈流畅而有成效。

1. 风度

日本推销之神原一平说："销售是一项报酬率非常高的艰难工作，也是一项报酬率最低的轻松工作。所有的决定均取决

于自己，一切操之于我，我可以选择成为一名高收入的辛勤工作者，也可以成为一名收入最低的轻松工作者。"销售业绩的好与坏完全由你自己决定，你可以成为一名王牌推销员，也可以成为平庸者。这表现出的是你的风度，而这种风度体现在你在谈话或倾听时都能让人感受到你的活力、信念和兴趣。

2. 友好

对别人真诚友好，那你在两个月内得到的客户会比一个要别人对他感兴趣的人两年之内所结识的人还要多。而这种友好体现在你在与客户建立友好关系时能不断地回应客户的要求，并能与客户产生共鸣。

3. 询问

人们常说推销员是"见人说人话，见鬼说鬼话，人鬼不见说胡话"。虽然这句话充满调侃的味道，但也道出了推销的一个要点：一个产品包含着不同的利益，而顾客也有不同的利益要求。推销员必须使产品利益和顾客要求相吻合，把"特别的爱给特别的你"，才能打动顾客。推销的艺术，在很大程度上就是针对顾客的不同心理做适当说明的艺术。所以，你提问时就要建立有逻辑性的询问策略，有效使用追根究底的技巧来挖掘客户的需求。

第一章　销售的概念

4. 倾听

有些推销员一见到顾客就滔滔不绝地说个不停，让客户完全失去了表达意见的机会，使客户感到厌烦。一旦客户厌烦，不用说，推销员的推销注定要失败不可。所以，我的建议是你多倾听客户的意见，也就是通过客户的用词、语气以及形体语言了解他们所表达的意思。

5. 定位

推销是充满挑战和智慧的活动，一个成功的销售人员，必须要充分了解产品的特点和客户的个别资料，并要能机智地把产品的特点转换成客户的特别需要，这样才能吸引客户的注意，才能激发他对商品的个别需求程度，完成一次圆满的销售。在这样的情况下，就要根据客户需要有选择地提供产品信息，从而令人信服地向客户展示产品的价值和使用范围。

6. 核查

为什么某些人不屑一顾的产品，而有人却愿意付出巨大的代价以得到它？为什么有人为一顿饭一掷千金，却会对另外的商品斤斤计较？答案很简单：顾客的买与不买，取决于他对商品的需求程度，即对商品价值的认同。换言之，就是希望你要引导客户对你所说的话提供反馈，以此来判断他们是否理解你

要表述的意思，是否同意你的观点。

这些技巧是销售的工具。作为销售人员，这些技巧越高超，你的销售就越有成效。因此，为了让大家能够掌握这些应用技巧，我就把推销大师原一平的推销经验供分享给大家。

原一平之所以会成为"推销之神"，主要归功于他高超的说话技巧。他认为说话有八个诀窍：

1. 语调要低沉明朗

明朗、低沉和愉快的语调最吸引人，所以语调偏高的人，应设法练习变为低调，才能说出迷人的感性声音。

2. 发音清晰，段落分明

发音要标准，字句之间要层次分明。改正咬字不清的缺点，最好的方法就是大声地朗诵，久而久之就会有效果。

3. 说话的语速要时快时慢，恰如其分

遇到感性的场面，当然语速可以加快，如果碰上理性的场面，则语速要相应放慢。

4. 懂得在某些时候停顿

不要太长，也不要太短，停顿有时会引起对方的好奇和逼对方早下决定。

5. 音量的大小要适中

第一章　销售的概念

音量太大，会造成太大的压迫感，使人反感。音量太小，则显得你信心不足，说服力不强。

6. 配合脸部表情

每一个字、每一句话都有它的意义。因此，应懂得在什么时候配上恰当的面部表情。

7. 措辞高雅，发音要正确。学习正确的发音方法，并多加练习。

8. 愉快的笑声

说话是推销员每天要做的工作，说话技巧的好与坏，将会直接影响你的推销成果。

由此可以看出，在销售过程中，无论哪个方面薄弱，都会影响你的销售成果。所以，我们就要多方面的训练。

2003年春节我是在西安度过的，快过春节之前有朋友打电话问我在哪里过春节，我说在西安，他说那他告诉我一个很好的地方，让我一定要去，就是南新街的一个教堂，如果去参加的话，一定会带给我一年的好兆头和运气，因为那里的人都很和善和友好。正月初一我真的就到了那个教堂，我一看七八百人的会场坐得满满的，我跟他们一起唱歌，学习一些文化，然后到中午12点左右里面的人纷纷到外面来开始吃午餐，我也

出来吃。我突然发现一个奇特的现象,有一个人拿着盘子在要饭,盘子里有一元的、五元的、几毛钱的。当时天气非常的寒冷,可他的衣服却只能半遮住他的身体。慢慢地我发现有人开始往这个盘子里投钱,最后甚至出现了排队投钱的现象!我立刻思考一个问题,为什么在很多地方别人要不到钱,而且要钱者都是被推出门外,被看不起,甚至被用不好的言语中伤,而在这里就有这么多人向这个乞丐投钱呢?是因为这里的人有同情心?他们都非常有爱心?不,乞讨者之所以在这个地方可以要到钱,是因为这个人懂得行销学,他找对了目标市场。

你发现了吗?要饭也需要学习行销,找对目标市场,不然是要不到的,那更何况别的职业呢?所以懂得行销的人,不论他所从事的是什么样的职业,甚至是要饭肯定都会比别人做得好,去擦皮鞋也会擦得多一点儿,当服务员可能得到的小费也会多一点。

同样,一个推销员只要勤于发现和挖掘,不论你在买菜、逛商店时,还是去医院时,都可能发现身边潜藏的准客户。但是要注意:在正式拜访之前应耐心地培养关系,而不是不分场合地强势推销。

第一章　销售的概念

保持最佳状态

　　表现出色的销售人员对待准备工作也有独到之处。他们无时无刻都保持着一种最佳状态。很多销售人员一遭遇挫折就忙着参加销售技能培训，实际上真正导致他们失败的并不是销售技能，甚至不是人际关系，而是他们的状态。一个销售人员所产生的问题几乎都与他的状态有关，即使销售技巧得以提高了，也是治标不治本。要想创造骄人的业绩，最重要的是保持积极向上的销售状态，只有这样，才能提高你的销售业绩。

　　那么，我们应该怎样让自己保持最佳状态呢？我们是否应该考虑客户需要什么，自己应该提供哪些东西才能轻松地让客

户同意成交？我们是否会在心里考虑好一些想法，让自己可以更有创造力并且占据主动地位？如果这些都没有的话，那么，给大家提供以下两种方法。

1. 让顾客相信

乔·吉拉德说："不论你推销的是什么东西，最有效的办法就是让顾客相信——真心相信——你喜欢他，关心他。"

如果顾客对你抱有好感，你成交的希望就增加了。要使顾客相信你喜欢他、关心他，那你就必须了解顾客，搜集与顾客有关的各种资料。乔·吉拉德中肯地指出："如果你想要把东西卖给某人，你就应该尽自己的力量去收集他与你生意有关的情报……不论你推销的是什么东西。如果你每天肯花一点儿时间来了解自己的顾客，做好准备，铺平道路，那么，你就不愁没有自己的顾客。"

刚开始工作时，乔·吉拉德把搜集到的顾客资料写在纸上，塞进抽屉里。后来，有几次因为缺乏整理而忘记追踪某一位准顾客，他开始意识到自己动手建立顾客档案的重要性。他去文具店买了日记本和一个小小的卡片档案夹，把原来写在纸片上的资料全部做成记录，建立起了他的顾客档案。

第一章　销售的概念

乔·吉拉德认为，推销员应该像一台机器，具有录音机和电脑的功能，在和顾客交往过程中，将顾客所说的有用情况都记录下来，从中把握一些有用的材料。乔·吉拉德说："在建立自己的卡片档案时，你要记下有关顾客和潜在顾客的所有资料，他们的孩子、嗜好、学历、职务、成就、旅行过的地方、年龄、文化背景及其他任何与他们有关的事情，这些都是有用的推销情报。所有这些资料都可以帮助你接近顾客，使你能够有效地跟顾客讨论问题，谈论他们自己感兴趣的话题，有了这些材料，你就会知道他们喜欢什么，不喜欢什么，你可以让他们高谈阔论、兴高采烈、手舞足蹈……只要你有办法使顾客心情舒畅，他们不会让你大失所望。"

他为我们指出了其中的小窍门，这个窍门就是每天对着镜子不断地说："我是最棒的！"在说的过程中，眼神要坚定，底气要足，声音要洪亮，直到说得自己热血沸腾，充满信心！

柴田和子是日本"推销女神"。她连续11年享有日本寿险"终身王位"称号、国际组织MDRT会员。她的业绩相当于804位业务员业绩之和。

柴田和子是如何利用人脉资源进行销售的呢？

第一，总给人一个清洁、明朗的形象。柴田和子虽然一说话便显得神采飞扬，但她认为自己的身材比较浑圆，没有明显的特征，在初次会面时无法吸引对方的眼光，因此，她一般借着"服装"给人强烈而明朗的第一印象。

第二，利用以前所积累的人脉资源。柴田和子高中一毕业就到"三阳商会"任职，直到结婚为止，而其周边人脉资源也给了她极大的帮助；当初的人脉资源完全是以"三阳商会"为基础，然后通过他们的介绍以及转介绍而来。

另外一个穿针引线的则是她的母校——"新宿高中"。

"新宿高中"是一所著名的重点高中，它培养了一大批优秀人才、社会中坚力量。其毕业生都在社会上占有较重要的地位。

第三，善用银行开发客源。当时日本所有的企业都是自由资本比例比较低，常需要向银行贷款，而银行也发挥极大的金融效能，在银行与企业的权力结构中，银行居于绝对支配地位。因此，银行的推荐相当有力量，可以给对方带来压力。柴田和子常常以这样的关系来做她的开场白。

"我是由银行介绍来的，但是我与银行并没有任何特殊关

第一章　销售的概念

系。因为是我自己跑到银行请他们介绍的,所以请别介意'银行介绍'这四个字,请你听听我说的内容。希望你能理解,我是以一个保险业务员的身份,来为贵公司推荐一项非常合适的商品,因此,请你务必针对这项由我为你设计好的保险商品,加以批评、指教,这样对我的成长也有所助益。我希望一点一滴地累积这些教训,将来成为日本顶尖的业务员。因此,请你不吝指教,对我加以指导。"

有一家银行提供了柴田和子7家企业的转介绍。那家银行的支行长是一位非常优秀的绅士,之后又陆续为她介绍了很多企业。

当柴田和子成功地获得一家银行的转介绍后,其他的银行也逐渐地对她伸出双手。

为了具体了解企业名称,她曾经一整天坐在银行柜台窗口前的椅子上,一听到银行小姐喊"××工业公司""××会",就一个一个地把名称抄录下来。然后再上二楼的贷款部门请求工作人员为她介绍那些企业,然后再去一一拜访。

第四,寻找关键人物。柴田和子之所以从老板下手,是因为那是最有效率的做法。由于老板是握有决定权的关键人物,

只要使那个人说"Yes",剩下的就只是事务性工作了。因此,行销人员必须要能洞悉问题的关键。

柴田和子认为有效率的做事方法,就是将已经建立的人脉资源活用于企业集团之中。每个人总有亲戚、校友和乡亲,从这些关系中开展她的事业,而她也认为可以将这些人脉资源灵活运用于工作上。

前往企业行销团体保险,是以企业的母集团为着眼点,只要与某企业集团旗下的公司签下契约,则该公司所属企业集团的人脉资源也尽可囊括其中,可以迅速地扩大自己的市场。

第五,人情练达造就成功行销。柴田和子绝不耽误与别人的约会时间。她绝对不带给别人不愉快。即使是自己的秘书,她也认为让他在严寒或是酷热的地方等候是不对的,如果要让某个人受热或受冻,她是宁可自己来承受。

柴田和子说:"保险行销要成功,必须要懂得体谅别人,即人情练达。"

行销绝不是一个人唱独角戏、一味拼命地埋头苦干。如何使对方打开心扉,使对方信赖自己,才是最重要的。要达成这个目的,最重要的就是要能够体恤对方,要有为对方着想的心意。

柴田和子成功的秘诀:

第一章　销售的概念

（1）确立明确长远的目标，并想方设法去达成它。

（2）时常站在客户的立场考虑问题。

（3）像"爱的使者"一样出现在客户面前，用真诚打动客户。

（4）"客户是上帝"，在人脉资源中体现得淋漓尽致。

2. 抓住每一次机会

当客户从进门那一刻开始，机会就开始了，如果你没有抓住，机会是不会等你做好准备再来的，客户也不会等待你做好准备再来。所以，销售人员要时刻保持最佳状态，抓住每一个可能的机会。

原一平有一天工作极不顺利，到了黄昏依然一无所获。原一平像一只斗败的公鸡走回家去。在回家途中，要经过一个坟场。在坟场的入口处，原一平看到几位穿着丧服的人走出来。原一平突然心血来潮，想到坟场里去走走，看看是否会有收获。

这时正是夕阳西下，斜斜的阳光有点"夕阳无限好，只是近黄昏"的味道。原一平走到一座新坟前，墓碑上还燃烧着几支香，插着几束鲜花。说不定就是刚才在门口遇到的那批人祭拜时用的。

原一平恭谨地朝着墓碑行礼致敬，然后很自然地望着墓碑上的字——××之墓。

那一瞬间，原一平像发现新大陆似的，所有沮丧一扫而光，取而代之的是一股跃跃欲试的工作热忱。

他赶在天黑之前，往管理这片墓地的寺庙走去。

"请问有人在吗？"

"来啦，来啦！有何贵干？"

"有一座××的坟墓，你知道吗？"

"当然知道，他生前可是一位名人呀！"

"你说得对极了，在他生前，我们有来往，只是不知道他的家眷目前住在哪里呢？"

"你稍等一下，我帮你查一下。"

"谢谢你，麻烦你了。"

"有了，有了，就在这里。"

原一平记下了××家的地址。

走出寺庙，原一平又恢复了旺盛的斗志。因为他找到了自

第一章　销售的概念

己的一个准客户。

由此可见，机遇对销售人员来讲就是商机。实际上，细心的人会发现商机就在身边，现实生活中商机比比皆是。

（1）官方渠道中有商机。如各职领导讲话、政府报告、长远发展规划、方针政策、新闻报道等。销售人员关注这些官方信息，有一天必定能得到巨大的回报，让你的销售业绩一飞冲天。

（2）科技创新中有商机。如纳米技术、克隆技术、网络经济、知识经济等。每一次新的技术革命都带来了巨大的社会变革，都给社会经济生活带来新的思维和内容。销售人员利用这些全新的概念，给自己的产品打造一个新的卖点，销售将不是问题。

（3）信息资料中有商机。我们处在知识经济时代，网络技术的迅猛发展已使知识的传播突破了空间和时间的限制，各种信息资料不管我们愿不愿意都扑面而来。纷繁复杂的信息要求我们分清良莠，去粗取精，为我所用。销售人员对信息一定要敏感，把握住那些潜在客户。

（4）意外事件中有商机。战争、瘟疫、各种自然灾难、地震、洪水、干旱……给人们带来巨大损失和痛苦的同时，也需要人们重建家园和自然灾难作斗争。

（5）气象预报中有商机。人类的活动越来越离不开天气预报作为参考，衣食住行等相关行业可以从中寻找到许多的商机，以便可以及早准备。如果你是雨具的销售人员，那么你必须每天都关注天气预报。

（6）别人产品的缺陷中有商机。发现别人产品的缺陷并加以改进，填平补齐，从而开发新产品推向市场，不失为一条捷径。销售人员在推销的时候能把对手商品的缺陷一针见血地指出，销售就会很容易了。

（7）价值观念的变化中有商机。社会在发展进步，日新月异，人们的价值观念也在发生悄然变化。如穿衣要与众不同，吃要吃出品位等。个性化的时代给企业的发展提供了广阔的市场空间。

当然，市场千变万化，商机无限。而扩展销售的机会也无处不在，可以从以下一些途径和渠道发现机会：

（1）电话号码黄页。列出了相关领域的所有产品或服务类型。

（2）公共图书馆。查找工商经济、科技、财经管理部分的图书、目录、手册和报纸。

（3）专业生意买卖经纪人。

第一章 销售的概念

（4）房地产经纪人的生意信息。

（5）会计师、律师、咨询顾问。

（6）大学工商管理课程的老师和毕业学生网络。

（7）与一些共创企业家接触，获得他们的思路。

（8）综合性或者财经类的报纸和杂志。

（9）银行出版物。

（10）大量的内刊和简报。

（11）书店最新销售的图书。

（12）外国出版物。可通过图书馆和当地的使领官商务处获得。

（13）贸易出版物。特定行业的统计数据、调查报告、预测、论文。

（14）国家和省、市政府部门提供创业和小企业信息。

（15）风险投资公司。这些机构积累有大量的投资项目信息。

（16）政府的小企业投资公司。

（17）商业银行的经理或主管。

（18）朋友和熟人。

（19）竞争对手。确定谁是你的竞争对手，仔细考查他们

的产品和服务，看看哪些地方有可改进之处。

（20）潜在客户。客户是关于市场需求和不能满足的产品服务信息的最佳资源。"客户抱怨就是商机"。

（21）经销商和批发商。他们知道现在产品的优点和缺点，也了解客户的需要和新产品的类型。

（22）个人兴趣爱好。考虑自己的兴趣爱好领域是否有发展机会。

（23）旅游考察。留心当地的商业机会，看是否可以引进到本地，在合法的情况下仿制该产品或服务。

（24）把创业思路特许经营化和许可证化。可以通过一个中介机构销售。

（25）通过联系国家和省政府部门，或者政府出版物考虑进出口机会。

（26）从政府专利部门和代理机构寻找可投资的专利项目。

（27）定期出版物列明产品许可生产信息。

（28）非营利机构和大学研究机构的研究成果具有商业前景，研究人也可能成为你生意的合伙人。

（29）投资贸易洽谈会、展览会、博览会。

（30）参加各种小管理和创业的讲座、课程，结识大量相

第一章　销售的概念

同兴趣的人士。

（31）商会（商业网络、图书资料、会议、内刊、杂志）。

（32）市场流行趋势。跟踪一些有成长潜力的项目，在市场萌芽期开始投资经营，在市场达到顶峰时高价卖出。

（33）考虑政府政策和法规变动带来的商机。如经济预算和税务变化，国企私有化，削减政府服务。

（34）经济是否景气。如在经济不景气时二手商品走俏，在景气时休闲和旅游生意兴旺。

（35）互联网络。

以上所有的资源，可能以电子形式存在互联网上，另外网络上还有专门的创业点子和项目。

销售的机会如此之多，优秀的业务员会及时把握机会，绝不让机会白白地溜走。因为他们无时无刻都在保持一颗接触每一个准客户的心。这就是说，作为一个销售人员必须拥有一双敏锐的眼睛，去发现商机，并抓住商机，从而走上成功之路。

向一个卖报老汉学习营销

两年前,老汉下岗了。下岗工资很少,生活的压力使得老汉开始卖报维持生活。几经挑选,他发现35路车总站人流量大,车次多,于是选定在35路车总站卖报。(市场调研)

但是,经过几天蹲点发现,车站固定的卖报人已经有了两个。其中一个卖了很长时间,另一个好像是车站一位驾驶员的熟人。如果不做任何准备就直接进场卖报,一定会被人家赶出来的。于是,老汉打算从车站的管理人员下手。(了解竞争对手,并寻找机会)

老汉每天给每位管理人员送份报纸。刚开始,人家跟他不熟,不要他的报纸。他就说这是在附近卖报多余的,车站管理员也不是什么大官,一来二去就熟了。

老汉这时就开始大倒苦水,说现在下岗了,在附近卖报销量也不好,一天卖不了几份,而马上女儿就要参加高考了,高昂的学费实在是无力负担,女儿学习成绩那么好,如果让她不上学真的对不起她……

人心都是肉长的,车站管理员就热心帮他出主意:"那你就到我们车站来卖报嘛。我们这边生意蛮好的,他们每天都能卖几百份呢。"(引发共鸣,争取支持)

大功告成了!有了车站管理员的许可,老汉光明正大地进场了。当然,老汉不会忘记每天坚持给管理人员每人一份报纸。(持续酬谢支持者)

可是,场是进了,可有三个卖报人,卖的还是同样的报纸。老汉冥思苦想一番,有了!另两个卖报的都是各有一个小摊点,在车站的一左一右。老汉决定,不摆摊,带报纸到等车的人群中或进车厢里卖。(打破被动等待,转为主动出击)

一段时间后,老汉还总结了一些门道:

等车的人中一般中青年男的喜欢买报纸,上车的人中一般

有座位的人喜欢买报纸并喜欢一边吃早点一边看，有重大新闻时报纸卖得特别多。（客户细分，制定措施）

于是，老汉又有了新创意。每天叫卖报纸时，不再叫唤："快报、晨报、晚报，三毛一份，五毛两份。"而是换了叫法——根据新闻来叫。什么"伏明霞嫁给53岁的梁锦松啦、汤山投毒案告破啦、一个女检察长的堕落啦、非典疫情新进展、病毒研究有重大突破啦"等。果然，这一招十分见效！原先许多没打算买的人都纷纷买报纸。几天下来，老汉发现每天卖的报纸居然比平时多了一倍！（创造需求，激发好奇心）

这样做了大约半年，车站的一家报摊由于生意不太好就不卖了，于是老汉就接下这地方支起了自己的报摊，经营品种也从单一的报纸发展到一些畅销杂志。（兼并与扩充）

为了让销量更上一层楼，老汉会根据什么杂志好卖搞一些优惠，比如说买一本《读者》送一份"快报"什么的，因为杂志赚得比较多。（以主导产品捆绑带动附属产品）

老汉还为一些慢慢熟悉起来的顾客提供订报服务，另外，还买了一部手机，给经常买报的顾客送名片，承诺可提供独特预留报纸或杂志服务。（为老客户设立便捷通道服务）

老汉最大的一笔生意就是其中一个顾客带给他的，那个顾

第一章　销售的概念

客是一家房地产公司的老总，他和老汉熟悉之后，给了他一个生意：在一些高档杂志与经济类报纸中夹送他们的售房广告，那个老板每个月给他一千元。（资源合作）

老汉的女儿周末在肯德基打工，经常带回来一些优惠券，于是，这又成了老汉促销的独特武器！买报纸、杂志一份，赠送肯德基优惠券一份。于是有很多人就慢慢只到他这儿买报纸、杂志了。（增加产品的附加值）

老汉这个报亭良好的地理位置和巨大的销量，很快就被可口可乐公司发现了，他们安排业务人员上门，在老汉的报亭里张贴了可口可乐的宣传画，安放了小冰箱。于是，老汉的报亭不仅变得更漂亮醒目，还能收一些宣传费，而且增加了卖饮料的收入。（接纳赞助）

就这样一直做了两年，老汉的卖报生意有声有色，每月收入都不低于8000元。现在，老汉又有了新的目标，他打算收购边上的报亭，再开几个报亭，把女儿将来读研的钱也挣到手！（成功地依法复制）

第二章 自我销售的艺术

第二章 自我销售的艺术

学会自我推销

在我们所做的销售工作中，大家认为有没有必要掌握一定的销售技能，以此提高自己的销售能力呢？我认为是非常有必要的，因为在我们所选择的工作领域，销售技能能帮助我们走向成功，也能使我们走向失败。在职位提升、获得理想工作、得到梦中情人的过程中，是否具备良好的销售技能将会产生极大不同。比如我们在面对同样顾客的时候，由于不同的公司有不同的销售技巧从而会导致不同的销售过程，而得到不同的销售结果、又会得到不同的销售业绩，得到不同的利润，从而决定你在一个公司的收益，决定你这个公司发展的速度。所以，

我想为我亲爱的读者再讲几件事情,很放松地聊聊行销有多么重要,我想这比我立刻给你讲自我销售的艺术会更有效。

有一年我回到老家,周围的邻居都叫我打牌,我赢了他们不给我钱,我输了却都找我要钱。所以我就跟他们讲:"这个无法让你改变命运和人生,无法让你赚到更多的钱,我有一个方法让你们比从我这里拿钱更有效果,那就是学习行销。"如果您希望成为成功的职业销售人,那么您需要一个高的起点,那就是把自己销售给一家优秀的企业。"

现代社会是一个完全竞争的社会。同样一个人,具有同样的专业能力,但是起点不一样,结局的差别就非常大。如果您打算在这个职业上有所收获,您就必须慎重考虑您的起点。

像丰田、松下、IBM、3M、雅芳这些企业,他们的销售人员在进入这些公司之前,和其他人并没有什么区别,然而为什么这些人能够比较容易获得成功呢?

首先我们看到的是,这些企业在长期的发展过程中,积累了一套适合社会发展的运作模式,在这个模式里,不仅可以取得好的业绩,同时还能持续保持它非凡的创新能力。

还有就是这些企业的自我发展能力特别突出。一个新的员工一进入这个集体就将受到严格的训练,而且这些训练是他们

凝聚多年经验的精华，经训练合格后方能有资格成为一线的销售人员。

再次就是在这些企业，您的收入水平、选拔任用等人事行为上有它的独到之处。您不必担心您的能力没有回报，也不用过分担心您的职务是否能够提升。

像这样的企业并不是非常多，甚至是比较少，判断一个企业是否适合您的发展并不完全考虑上述因素，作为一个准备在营销上有所成就的人，就应该用营销的思路来看待您所面临的选择。

对一个销售人员来说，判断一个企业是否真正优秀主要是看它的发展能力。如果企业和员工能够同时进步，并且能够给予员工适当的机会，我认为就值得您在这里一显身手。

事实上，除了我们列出的这些世界级的大公司，还有很多很好的企业。您用心看看您的周围，那些金碧辉煌的写字楼里都有谁在工作！还有您看到的一座座大型的花园住宅区里，都是什么样的人住在里面，没有人能告诉我那些都是××公司的人住在里面，这些写字楼全是××公司的。不要小看那些正在图谋发展的小企业，一旦他们长大了，您同样会为他们感到骄傲，假如您是其中的一员。

很多时候,产品并不显得很重要,推销者才是至关重要的!因为人们往往首先接受推销者,然后才会接受产品。这是很多销售行家的经验。因此,推销自己就十分重要!

什么是推销自己?推销自己或者叫自我推销,是通过自身的努力使自己被别人肯定、尊重、信任、接受的过程。推销自己不难,但能很艺术地推销自己,并能让别人乐于接受您是需要学习和训练的。

下面介绍自我推销的心理效应,读完它,思考它,对您的自我推销会有所帮助。

1."首因效应"——创造与众不同的形象更能让客户接受你

首因效应是指由于第一印象的作用而对后继交往所发生的影响。在任何生意场合里,形象举止都很重要。如果你给人留下了一个不可磨灭的恶劣印象,别人还哪有心情与你合作。

柴田和子在从事保险之初,她对自己的形象颇为踌躇,她认为一个普普通通的妇女,身高153厘米,体重73公斤,而且其貌不扬,这怎么进行销售。不久,她很快找到了让客户记忆犹新的方式——在服饰上营造自己独特的形象。她要给人的形象就是清洁、明朗。在她看来,恰当的衣着可以帮助人提高自信,如果一个人穿得很糟糕,自己都会觉得很猥琐,跟拜访的

第二章　自我销售的艺术

环境和人物也不相称，所以，在可能的情况下，尽量提升自己的形象，哪怕身处困境，也要全力为之。所以她总爱穿些突显个性又不失美感的衣服，偶尔会在衣服上别一枚漂亮的胸针。最有特点的是，无论穿什么样的衣服，她都会在头上戴一顶颜色鲜艳的圆扁帽。客户一眼看到的是她得体的衣服和颇为别致的圆扁帽，让人一下就能记住她，亲切地称她为"扁帽小姐"。与众不同是让人家记住你的最好方法，也是现代行销的生存法宝。

其实，柴田和子在刚从事保险行销时，她穿着一件黑色或蓝色的背心，加上有花纹的外套，还戴着一顶有柴田特色的圆扁帽。纵使第一次见面，客户什么都忘记了，但是，总会记得柴田那顶诙谐幽默的圆扁帽。

后来，柴田和子不再戴圆扁帽了，改戴有大朵花饰的宽檐帽子，进入预定的拜访场所后，她会脱下它，那姿势可真像一个电影明星。年轻时，打扮得朴素一点比较好，因为年轻人本身焕发着一种光辉。但是到了一定的年龄，衣着就应该稍微华丽一些，如果朴素，会被人看成老太婆。

寿险行销注重外表，与众不同的形象更能让客户接受你。

做团体寿险开拓的行销女性，切忌穿得太花哨，因为穿得过于花哨醒目，容易让对方产生误解。

看了这个案例大家什么感想呢，如果你还不能领会的话，我们再来看一个有趣的实验。

有一位心理学家曾做过一个实验：把被试者分为两组，同看一张照片。他对甲组说，这是一位屡教不改的罪犯；对乙组说，这是位著名的科学家。看完后让被试者根据这个人的外貌来分析其性格特征。

结果甲组说：深陷的眼睛藏着险恶，高耸的额头表明了他死不改悔的决心。乙组说：深沉的目光表明他思想深邃，高耸的额头表明了科学家探索的意志。

这个实验表明第一印象形成的肯定的心理定式，会使人在后续了解中多偏向于发掘对方具有美好意义的品质。若第一印象形成的是否定的心理定式，则会使人在后续了解中多偏向于揭露对象令人厌恶的部分。

既然在人际交往中有这样一个首因效应在起作用，我们就可以充分地利用它来帮助我们完成漂亮的自我推销：首先，是面带微笑。微笑，是直通人心的世界语，能深深地打动一颗

冷漠的心；微笑，是融化固执的阳光、缓解矛盾的润滑剂。初次相见，未开口你先送上一个微笑，听到反驳后也报以微笑，最后胜利的人肯定是你。所以，微笑可以帮助你获得热情、善良、友好、诚挚的印象。其次，应使自己显得整洁。整洁容易留下严谨、自爱、有修养的第一印象，尽管这种印象并不准确，可对我们的推销总是有益处的。再次，使自己显得可爱可敬。这一切必须由我们的言谈、举止、礼仪等来完成。最后尽量发挥您的聪明才智，在对方的心中留下深刻的第一印象，这种印象会左右对方未来很长时间对您的判断。

第一印象最深刻，也最顽固。一旦留下了不好的第一印象，将是是十分不幸的。花一分钟留下的坏印象，花一个小时也难以矫正过来。

2.晕轮效应

认知中，观察对象时，对象的某个特点、品质特别突出就会掩盖我们对对象其他品质和特点的正确了解，被突出的这一点起了类似晕轮（月亮周围有时出现的朦胧圆圈）的作用，导致观察失误。这种错觉现象，心理学中称为"晕轮效应"。

有一个星期六，柴田和子去拜访一位准客户，这位先生觉得买保险是杞人忧天的懦夫所为。柴田和子对他说："先生，

你开车上班或兜风,是不是一路都是绿灯?""不一定,有时难免有红灯。""遇到红灯,你会做什么?""停下来等待绿灯。"

"对呀,人生有高峰,也有低谷,有时黄灯,有时红灯,因此你也需要稍停脚步,重新认真思考一下自己的人生。你说对吗?"

这位经理频频点头,柴田和子接着对他说:"人生到处潜伏着难以察觉、无法预料的危机,每一个人总是认为自己会一路顺风。可是,为什么我们常常看到,道路旁堆着一辆辆撞得七零八碎、面目全非的肇事车辆?"

"但是请你理解,红灯是上天给我们的人生转折点。我现在为了一点点微薄的佣金,却耗费如此长的时间跟你讲解。你买保险,我赚到佣金,我感谢你,但是将来理赔的保险金额却是支付给你的家人的,是你家人的福分。"

"你投不投保对我没什么关系,但是能否挑选一位有能力的寿险行销人员来为你规划晚年生活,可是会影响你的人生方向。"

第二章 自我销售的艺术

最后，柴田和子终于说服了汽车销售经理，为自己和全家投了巨额的保险。

看了这个案例大家有什么感想呢？如果你还不能领会的话，我们再来看一项有趣的实验。

有一项实验：让人看一张卡片，上面写着一个人的五种品质：聪明、灵巧、勤奋、坚定、热情。看后让人想象一下这是一个什么样的人，结果普遍想象成一个有善的好人。然后把卡片上的"热情"一词换成"冷酷"，顺序变成：聪明、勤奋、坚定、冷酷、灵巧。再让大家想象一下这是一个什么样的人，结果是人们普遍推翻了原来的结论，变成了一个可怕的坏人。

这说明"热情"和"冷酷"这两个品质产生了掩盖其他品质的晕轮效应。在认识结交朋友时，孤立地以貌取人、以才取人、以德取人、以某一言行取人，以某一长处或短处取人，都属晕轮效应，是不正确的知觉。

晕轮效应一般产生在不熟悉的人之间或者伴随有严重情感倾向的人之间。最能产生晕轮效应的是外表，外表的美丽往往容易给人留下美好的第一印象。另外，一个人的气质、性格、能力、才智以及家庭背景、个人修养都会产生晕轮效应。但

是，无论您是什么样的人，一个粗俗的举止，就会破坏您的全部好印象，而一个美好的举动则可使您倍增光辉。

人与人之间的接触总是有限的。人们只能用点滴的了解来全面地概括您，所以尽量使您首先暴露出来的特质闪光，这样可以曾强晕轮效应，强化您的好印象。

3.先入为主效应

这种先入为主的印象，在推销过程中，表现将更为强烈，它会直接影响您对自己的推销，影响到您对产品的推销。

推销过程中的先入为主，主要表现为三个方面：一是对产品的先入为主；二是对推销的先入为主；三是对推销员的先入为主。这需要您做好全面的知识、资料的准备，消除对方不利的先入为主。

那么，我们如何来理解先入为主呢？其实，关于先入为主的观念我们可以这样理解，比如说，哪个演员先演了什么角色，而最后换了一个角色，那么就会让人们感觉不太适应。为什么呢？其实原因有以下几个：第一个原因是他的第一个角色演得太好了，而让人们产生了一种留恋的感觉。如果再换一种角色，特别是反差比较大的角色，那么很可能就把人们内心的那种形象破坏了，于是人们就在内心拒绝他变换角色。

第二章　自我销售的艺术

第二个原因也许就是的确是不太像。他的气质、他那种细微的表现，的确是不太适合于演新的角色。他没有办法把人们带到一个新的领域里。

什么叫先入为主？它指存在的东西已经让人们产生了一种感情了。这个感情是爱或恨，而要想改变这样的一种感情，那么就得要花一点工夫。

针对人的这一点心理，很多的计策也都用到了这一点，这一点也可以说是先下手为强吧。所以，在我们的销售生涯中，采用先入为主的销售技巧是非常有用的。

4.定型效应

生活中，人们都会不自觉地把人按年龄、性别、外貌、衣着、言谈、职业等外部特征归为各种类型，并认为每一类型的人有共同特点。在交往观察中，凡对象属一类，便用这一类人的共同特点去理解他们。在概括偏颇或忽略个体差异时，就会出现认知错觉。这种错觉称为定型效应。

世界上有三类推销员：第一类是忍者推销员，即忍气吞声的，好苦、好累、好可怜。这类推销员主要是靠双脚的，每天很累，很辛苦，赚钱很累，做行销太烦了。

第二类推销员是用嘴巴和脑袋卖产品，就是头脑比较机

灵，口才好，比较好卖东西。这类推销员用脑和嘴巴卖产品的，轻松地不断地卖。

第三类推销员叫作圣者推销员，圣者是帮人积德和造福，这个是帮人积福。你能不能有这个境界，就要靠你不断需要修炼。今天不管你卖什么产品，请问你有这种观念，你在公司就可以赚大钱，请问一下我们这位朋友公司做什么产品。是建材的，你觉得公司的建材怎么样，好。请问你每次卖产品的时候回答问题是坐着比较好，还是站着好。站着好。他立即行动，所以他的改变速度比较快。每天卖产品的时候请问一下你过去是怎么想的，有没有帮助别人，没有。因为这个世界向这样的人太少，而且成功的销售人员必须具备诚实的态度。很多人没有这样的观念，你没有这样观念的时候，你总是想到我从别人口袋里捞钱，所以你在卖产品的时候力度不一样。

在我的演讲课中，我就比较喜欢五类听众，我最愿意跟这五类听众交朋友：

第一类人，不安于目前的现状，不安于现在的业绩状态。

第二类人，希望自己的业绩变得更好，更棒，更大。

第三类人，早到晚退的人，当别人没有来的时候他先来了，当别人都走了他还没走。

第二章　自我销售的艺术

第四类人，学到做到的人，学到之后要求自己去做到。知识你学习了100%没有用，最重要的是要用到100%，这比学习100%肯定更有效果。所以，我最喜欢的推销人员也是能学到做到的人。

第五类人，听到好的内容会给予掌声回应的人，所以听到好的内容的时候，我们要给予别人掌声。

作为一名出色的推销员，不管是训练你的方法还是技巧，这个表情动作都是很重要的，所以要令对方无法抗拒你的热情，你的带动和感染力，在这方面我们是需要自行修炼的。我相信每一位出色的推销员都不会逃脱这五种类型的，因为在这五类人中，他们都能够认识到：营销本身的追求在于刺激消费者发生行为改变，行为改变才是营销的价值所在。但是消费者行为怎样才能改变呢？营销者必然要知道、掌握消费者的内在心理和他的行为规则，尤其是其稳定的行为模式，而根据这个行为模式改变自己的行为，从而成为被消费者喜爱的厂商，然后才能赢得消费者对应的行为反应。营销是一种双向的行为改变，其本质就在于营销者与消费者基于心理接受的互动。

所以，根据定型效应，良好的推销者要注意自己扮演的角色，虽然都是推销员，但形象却千差万别。不同的形象就会留

给对方不同的印象。如果您推销化妆品，就要以美容师的形象出现。如果您推销服装，就以模特的形象出现……如果您推销图书，就要以作者的形象出现。正是基于这些原因，所以我告诉大家：做一个成功的推销员，必须时时变换自己的角色，以适应不同情景。

很多营销人员认为，只要他们有足够的能量，足够的创造力，足够的勇气以及足够的金钱，就可以做一切事情。当然，这也许就是人的本性。因为他们之中没有几个人愿意承认存在什么市场营销法则。非也，人们都知道，世界上万事万物的变化发展都存在其规律性。而市场营销也同样有其规律和法则，也和其他自然法则一样，如果你在市场经济中不懂市场营销法则，违背了其中的任何一条，那么再出色的营销计划也只是一场空。

其实，只要你懂得了市场营销中是有法则可循的，那么对这些看似显而易见的法则就不难认识了。

第二章　自我销售的艺术

自我推销也需要赞美

我常对我的学员们讲，销售人才是可以造就的。对于多数销售人员而言，他们在销售方面显示出的卓越才能并不是与生俱来的，而是通过学习大量的推销艺术而获得的。在学习的过程中，我们可以学到自我推销的语言艺术、自我推销的非语言艺术、商品销售中的自我推销、仪表与自我推销、注视与自我推销等等。但最关键的是要学会赞美别人，有人说："赞美是畅销全球的通行证。"因此，懂得赞美的人，肯定是会推销自己的人。在成功时，要多一份感恩之心，要把自己的成功归于别人，这样你的支持者将越来越多。

我们中的大部分人，也许我们自己并没有察觉，都过于吝啬对于他人的赞美，也许是因为你觉得那样很虚伪，也许是因为你根本就没看到有什么值得去赞美，又或者你会觉得当着别人的面说出赞美的话使你自己也感到很窘迫，那么就这样放弃了吗？你不知道你的简单的一句话有可能改变你的人际关系，改变你的生活环境乃至整个社会！

几天前，我和一位朋友在纽约搭计程车，下车时，朋友

对司机说:"谢谢,搭你的车十分舒适。"这司机听了愣了一愣,然后说:"什么意思?""不,司机先生,我不是在寻你开心,我很佩服你在交通混乱时还能沉住气。"

"是呀!"司机说完,便驾车离开了。

"你为什么会这么说?"我不解的问。

"我想让纽约多点人情味,"他答道,"唯有这样,这个城市才有救。"

"靠你一个人的力量怎能办得到?"

"我只是起带头作用。我相信一句小小的赞美能让那位司机整日心情愉快,如果他今天载了20位乘客,他就会对这20位乘客态度和善,而这些乘客受了司机的感染,也会对周遭的人和颜悦色。这样算来,我的好意可间接传达给1000多人,不错吧!"

"但你怎能希望计程车司机会照你的想法做吗?"

"我并没有希望他,"朋友答道,"我知道这种做法是可遇不可求,所以我尽量多对人和气,多赞美他人,即使是一天的成功率只有30%,但仍可连带影响到3000人之多。"

第二章 自我销售的艺术

"我承认这套理论很中听,但能有几分实际的效果呢?"

"就算没效果我也毫无损失呀!开口称赞那司机用不了几秒钟,他也不会少收几块小费。如果那人无动于衷,那也无妨,明天我还可以去称赞另一个计程车司机呀!"

"我看你脑袋有点患天真病了。"

"从这就可看出你越来越冷漠了。我曾调查过邮局的员工,他们最感沮丧的除了薪水微薄外,另外就是欠缺别人对他们工作的肯定。"

"但他们的服务真的很差劲呀!"

"那是因为他们觉得没人在意他们的服务质量。我们为何不多给他们一些鼓励呢?"

我们边走边聊,途经一个建筑工地,有五个工人在一旁吃午餐。我朋友停下了脚步,问:"这栋大楼盖得真好,你们的工作一定很危险很辛苦吧?"那群工人带着狐疑的眼光望着我的朋友。

"工程何时完工?"我朋友继续问道。

"6月。"一个工人低应了一声。

"这么出色的成绩，你们一定很引以为荣。"

离开工地后，我对他说："你这种人也可以列入濒临绝种动物了。"

"这些人也许会因我这一句话而更起劲的工作，这对所有的人何尝不是一件好事呢？"

"但光靠你一个人有什么用呢？你不过是一个小市民罢了。"

"我常告诉自己千万不能泄气，让这个社会更有情，原本就不是简单的事，我能影响一个就一个，能两个就两个。"

"刚才走过的女子姿色平庸，你还对她微笑？"我插嘴问道。

"是呀！我知道，"他答道，"如果她是一个老师，我想今天上她课的人一定如沐春风。"

你知道吗，你的赞美对于他人具有重大的意义。推销大师原一平就是这样的。原一平认为每一个人，包括我们的准客户，都渴望别人真诚的赞美。

原一平有一次去拜访一家商店的老板。

"先生，你好！"

第二章 自我销售的艺术

"你是谁呀!"

"我是明治保险公司的原一平,今天我刚到贵地,有几件事想请教你这位远近出名的老板。"

"什么?远近出名的老板?"

"是啊,根据我调查的结果,大家都说这个问题最好请教你。"

"哦!大家都在说我啊!真不敢当,到底什么问题呢?"

"实不相瞒,是……"

"站着谈不方便,请进来吧!"

……

他就这样轻而易举地过了第一关,也取得准客户的信任和好感。

赞美几乎是百试百爽,没有人会因此而拒绝你的。

原一平认为,这种以赞美对方开始访谈的方法尤其适用于商店铺面。

那么,究竟要请教什么问题呢?

一般可以请教商品的优劣、市场现况、制造方法等等。

对于商店老板而言,有人诚恳求教,大都会热心接待,

会乐意告诉你他的生意经和成长史。而这些宝贵的经验,也正是推销员需要学习的。既可以拉近彼此的关系,又可以提升自己,何乐而不为呢?

记住,下次见到准客户,以赞美对方开始访谈。

那么,怎样才能做到赞美别人的优点,并能够以赞美为开场白呢?在我多的推销生涯中,我总结出了以下两点,并希望广大读者多加练习。

1. 不要吝惜你的赞扬

恰到好处的称赞对方是您获得认同的开始。人人都希望获得认同,这样可以缩小双方之间的差异性,彼此欣赏。称赞人也需要学习,您只有关注对方,您才能获得对方的用心所在,对方用心思的地方就是您值得称赞的地方。称赞的语气不要过度夸张,是一种发自内心的感受,否则效果会适得其反的,对方会认为您很虚伪。

尽管是在一个办公室,低头不见抬头见,您也不要吝惜赞扬、欣赏和致谢。称赞和欣赏您的同事能够获得同事之间的友谊,您的业务开展很多是在同事的协助下进行的,您需要他们的真心帮助。

在赞美别人的时候我们经常会碰到一个问题,就是在熟

第二章　自我销售的艺术

人、朋友或者同事面前感到不好意思，不自然，所以放不开，影响了赞美的效果，其主要原因就在于面子问题。但是，如果不在同事、朋友或者前辈面前赞美，就很难达到成效。因为每一个人，包括我们的准客户，都渴望别人真诚的赞美。

赞美小技巧：

（1）赞美：人人都喜欢听好话被奉承，这叫"标签效应"。善用赞美是最好成绩的销售武器。

（2）话术："您家真干净""您今天气色真好"房间干净——房间布置——气色——气质——穿着。

（3）层次：赞美分为：①直接赞美：阿姨您看上去真年轻）。②间接赞美：阿姨，墙上那照片是您儿子吧，看上去真英俊，一定是个知识分子，相信阿姨一定是个教育有方的好妈妈。③深层赞美：阿姨，您看上去真和蔼，像我妈妈一样善良、温和。三个层次，赞美的主旨是真诚，赞美的大敌是虚假。

中国人对于赞美，总要谦虚一番。一位外宾赞扬一位中国小伙子："Your English is excellent！"(你的英语真棒！)小伙子答道："No No!my English is very poor."(不，不！我的英语说得还不好)欧美人听了莫名其妙，继而生厌："这人对自己的成绩，怎么一点儿也不自信！"欧美人士没有这种自谦，

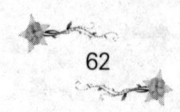

对于赞扬，一概说："Thank you ."毫无保留地接受。

所以，在你做销售的时候，你一定要注意到，随着中国的对外开放，与外国人接触的机会也就越来越多，来了解一些外国人的说话习惯，会使你在与外国人谈话时多一份从容。

还有就是，赞美别人时千万不能漫不经心，缺乏真诚的空洞的称赞，并不能使对方高兴。

"先生，您好！昨天下午我们就在大厅里对您进行了面试，很遗憾您没有通过。因为您没有注意到那位保安根本就没有拨号。而大厅里还有别的公用电话，您完全可以自己询问一下。关键是您对自己没有信心，一个没有信心的人我们怎么能把任务交给他呢。但您为什么选择放弃却不在第二天再去考核一下呢？祝您下次成功！"

赞美是一种必需的训练。在最短的时间里找到对方可以被赞美的地方，是推销员必须具备的本领。天底下好的赞美就是选择对方最心爱的东西、最引以为傲的东西加以夸奖。

2．善于利用转介绍

销售过程中，你可能会担心客户听不懂你所说的内容，因而不断质疑对方："你懂吗？""你明白我的意思吗？""你了解吗？"然而这种以长者或老师口吻的质疑，只会让客户感

第二章　自我销售的艺术

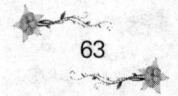

到反感。从销售心理学来讲，一直质疑客户的理解力，会让客户产生不满，让他感觉不到起码的尊重，逆反心理也会随之产生，这是销售之大忌，所以在我们的销售过程中，不要让准客户有"被迫接见"的感觉。一般的准客户对业务员都怀有戒心，一旦用强迫的手段，非但没有效果，反而会增加他对你的抵触情绪。

原一平从来不采用被迫接见的方法。有一次，原一平想通过电话约谈一位准客户的表哥。

"你好，是某某电器公司吗？请你接总经理室。"

"请问你是哪里啊？"

"我叫原一平。"

"请你稍等一下。"

"电话转到总经理室。"

"哪一位啊，我是总经理。"

"总经理，你好，我是明治保险公司的原一平，我听说你对继承权方面的问题很有研究，所以今天冒昧地打电话给你，几天之前，我曾拜访了你的表弟，与他研究了继承的问题，他感到很满意，所以今天我想与你再来研究一番。"

"嗯。"

"事情的经过你问你表弟就知道了,我本来可以叫你的表弟写一份介绍函再来拜访你,不过这样似乎有强迫的味……其实在这个时候,谁也无法强迫谁……"

"嗯。"

同样一声"嗯",但第二声比第一声亲切多了。

"怎么样呢?"

"既然是这样,咱们约个时间谈谈也好。"

……

从这个案例以看出,善于利用转介绍的人一定要做到对人要尊重,千万别伤了客户的自尊心。在与客户定好约谈时间时,千万要守时,不要让客户产生不信任的情况出现。

同时我们还可以看出,尊重客户的最基本点是任何时刻对客户一定要诚实,绝不欺骗、虚伪应付您的客户。这就是人们常说的,透过你的坦诚,准客户会对你产生某种安心的感觉。毕竟客户的"挑剔",就是您的改善之处,您要虚心诚意地接受,并尽最大的努力改善。您尊重您的客户,所以要充实自己的专业知识,才能给客户最好的建议。您尊重您的客户,所以

第二章　自我销售的艺术

您站要在客户的利益点，为客户考虑。您尊重您的客户，所以不能为了自己的利益给客户带来任何困扰。您尊重您的客户，所以要让您的客户每多花一分钱，都能获得多一分的价值。尊重准客户，重视准客户。谈话之中要注意分寸，尽可能地善于利用转介绍，同时要注意避免无形之中对他们造成的伤害。信念不是一种知识，不是一种理论，也不是一时的狂热，它是慢慢形成的。信念是依据过去的经验逐一证实的想法，这个想法经过越多次的证实，信念就越坚定。

怎样与客户产生共鸣

很多销售人员走上销售的道路是因为他们喜欢与客户打交道。尽管对人友好非常重要,但这也只是能与客户和睦相处的一部分。建立良好的关系就是"喜欢与这个人打交道",闲谈也是友好交往中的一部分。但是,在实际的销售过程中,许多销售人员只把自己的能力局限在与人友好这一点上,而在整个对话过程中,他们没能利用回应或表示深同感来与客户建议融洽的关系。在这样的情况下,我需要提醒大家的是:要想成为最优秀的销售人员,就必须严格要求自己,杜绝所有的借口,朝着目标坚定前进,前进,接近完美,直至达到完美!

第二章　自我销售的艺术

如果有人问你心目中完美的职业是什么,你会怎样回答?你认为什么样的职业特征是重要的?你可能会写下以下的一些内容:没有一件事情是绝对完美或接近完美的,等到所有的条件都完美以后才去做,只能永远等下去。

推销过程中,如果忽略了商品缺陷,只能让推销工作更加艰难。因此,在客户提出任何质疑之前,你要对每一个主要缺陷做好心理准备,通过营销策略、搭配销售等,当着客户面主动提出,将它转化成销售卖点。

如果上面的这些对你很重要,那么销售将是你的最完美的选择。百闻不如一见。如果能让顾客亲自来示范,那你就不要示范。让顾客来做,他们会更心服口服。要销售产品,首先要对产品有体会,有百分之百的信心,这样才能赢得客户的信任。

对于某些销售人员来说,销售则是他最后的选择,他往往因为找不到一份合适的工作而选择销售。而另一些人则在销售经理人的劝说下,放弃了原来不喜欢的工作,开始尝试做销售。

然而,更多的人是因为销售能提供很多机会而选择它,并且它的回报比较丰厚。调查表明,在所有行业中,销售的回报是最高的。统计表明,销售收入超过5万美元的从业者要远远多于其他行业,而且许多销售人员赚得更多。

所以请相信，销售就是你最完美的职业。在我的一次培训课上，一群销售人员问我，"我们如何才能与客户达成共识呢？"我对他们说，只有通过完美的销售解说才能与客户达成共识，因为一个完美的销售解说是不断检讨、不断修正、不断改进的结果，每一个案例都要认真对待，不断修正，用严于律己的心态对待自己。很多人有一种所谓的"差不多"的观念，例如已经做到90%，差不多了，这是自我纵容的一个借口，为自己的不求上进找一个理由。

对销售人员而言，用语言表示深有同感并不是件容易的事情。也许你同客户会有同感，但要把它表达出来可能会让你觉得很别扭。但是口头表达关切和关心有助于减少客户的自我防御，能使你的话更容易让人信服。尤其是在面对一个情绪化的人或是谈论一个敏感话题时，如果销售人员一开始就诚挚地表达出深有同感，这会让客户更容易接受你的回答。当然，这种同感的表达必须是真实的，因为现在的客户都很精明，他们很容易识别出那些虚假的表达。这就好像以前人们对美国各巨型公司的感觉是"害怕其力量过于强大"，而到了现在，则是"害怕它们软弱无力"。那么，怎样才能做到做大做强做久呢？只要你提高了销售业绩，自然就强大了，而要实现这一

第二章 自我销售的艺术

点,则是每个销售人员自我严格要求的结果。只要你力求自己做到完美,同样可以成为大家羡慕的销售高手。比如原一平"逗准客户笑"的方式就达到了营造祥和的谈话气氛和发挥自己幽默个性的作用。那么,我们怎样才能取得如此成效呢?记住,在拜访的过程中,设法打开沉闷的局面,逗准客户笑是一个很好的接近方法,这种方法在原一平的身上淋漓尽致地体现出来了。

原一平曾以"切腹"来逗准客户笑。

有一天,原一平拜访一位准客户。

"你好,我是明治保险公司的原一平。"

对方端详着名片,过了一会儿,才慢条斯理抬头说:"几天前曾来过某保险公司的业务员,他还没讲完,我就打发他走了。我是不会投保的,为了不浪费你的时间,我看你还是找其他人吧。"

"真谢谢你的关心,你听完后,如果不满意的话,我当场切腹。无论如何,请你拨点时间给我吧!"

原一平一脸正气地说,对方听了忍不住哈哈大笑起来,说:"你真的要切腹吗?"

"不错,就这样一刀刺下去……"

原一平一边回答,一边用手比画着。

"你等着瞧,我非要你切腹不可。"

"来啊,我也害怕切腹,看来我非要用心介绍不可啦。"

讲到这里,原一平的表情突然由"正经"变为"鬼脸",于是,准客户和原一平一起大笑起来。

无论如何,总要想方法逗准客户笑,这样,也可提升自己的工作热情。当两个人同时开怀大笑时,陌生感消失了,成交的机会就会来临。

"你好,我是明治保险公司的原一平。"

"噢,明治保险公司,你们公司的业务员昨天才来过,我最讨厌保险,所以他昨天被我拒绝了。"

"是吗,不过,我总比昨天那位同事英俊潇洒吧?"

"什么,昨天那个业务员比你好看多了。"

"哈哈……"

善于创造拜访的气氛,是优秀的推销员必备的。只有在一个和平欢愉的气氛中,准客户才会好好地听你说保险。

第二章　自我销售的艺术

销售的八个步骤

维护客户关系不能只停留在销售和处理事务上。优秀的销售人员从不对重要关系想当然,也绝不会错过维护客户关系的任何机会。因此,我们为了能更有系统、更清楚地说明销售的过程,我们用八个步骤及一个课题来说明销售的过程。

1.销售准备

没有妥善的准备,您无法有效地进行产品介绍以及销售区域规划的工作。在销售准备的步骤中,您要学会:①成为专业销售人的基础准备;②销售区域的准备;③开发准客户的准备。

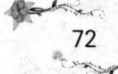

2. 接近客户

好的接近客户的技巧能带给您好的开头。这个步骤中，您要学会：①直接拜访客户的技巧；②电话拜访客户的技巧；③销售信函拜访的技巧。

3. 进入销售主题

掌握好的时机，用能够引起客户注意以及兴趣的开场白进入销售主题，让您的销售有一个好的开始。这个步骤中，您要学会：①抓住进入销售主题的时机；②开场白的技巧。

4. 调查及询问

调查的技巧能够帮您掌握客户目前的现况，好的询问能够引导您和客户朝正确的方向进行销售的工作。同时，您透过询问能找到更多的资料，支持您说服您的客户。这个步骤中，您要学会：①事前调查；②确定调查项目；③向谁做事实调查；④何种调查方法；⑤调查重点；⑥开放式询问技巧；⑦闭锁式询问技巧。

5. 产品说明

在这个步骤中，您要学会：①区分产品特性、优点、特殊利益；②将特性转换利益技巧；③产品说明的步骤及技巧。

6. 展示的技巧

第二章　自我销售的艺术

充分运用展示技巧的诀窍，能够缩短销售的过程，达成销售的目标。这个步骤中，您要学会：①如何撰写展示词；②展示演练的要点。

7.建议书

建议书是位无声的销售员。任何一个销售人员都不能忽视它的重要性，特别是您若要销售较复杂的理性产品。在这个步骤中，您要学习：①建议书的准备技巧；②建议书的撰写技巧。

8.成交

销售成功与否是通过最后的成效来衡量的：成交代表着你对客户需求的认知程度以及你对这些需求的满足程度。销售人员总是想敲定成交事宜，但很多销售人员这样做时又犹豫不决，他们担心遭到拒绝，害怕显得过于急躁、莽撞。大多数对敲定成交事宜犹豫不决的销售人员具有一个共同特点：他们把成交看做是一个要么成功、要么失败的极端过程。他们认为自己最好等到一切都处于胜败关头时再做决定。这个步骤中，您要学习：①为每次销售洽谈制订目标：这有助于你保持动力并不断把交易向前推进，但一定要确保这个目标是合适的、可行的，并且有个时间期限；②在整个销售洽谈过程中不断核查客

户的反馈：对于你所定位的东西一定要寻求客户的反馈，这样你就可以从中得到采取行动或调整销售洽谈目标所需要的数据和信心；③按步骤结束每次销售洽谈：不要用目标模糊或不确定的行动来结束销售洽谈。要保持动力，提出达成交易的要求或用适当而具体的行动步骤来结束。养成一种在每次销售洽谈结束都要提出下一步行动的习惯。

第二章 自我销售的艺术

自我销售步骤的成功要点

在我们的同行中,佼佼者到处都是,我们不担心没有好的机会,我们需要的是把握机会的能力。要成为一名成功的销售人员,必须经过以下三个步骤:

1.销售自己——把自己销售给一家优秀的企业

(1)能够提供更适合客户的产品。

(2)能够提供销售人员展开业务的良好机制。

2.经营自己——做优秀的销售人员

无论多么辛苦劳累,销售人员如果不能够签单回来,就不是一个优秀的销售人员。客户不买账,对手的销售人员却满载

而归，相比就成了弱者，就不是优秀的销售人员。优秀的销售人员具有使客户满意的技巧。

3.提升自己——做成功的销售人员

优秀不等于成功。成功的销售人员不仅让客户满意，而且让自己满意。成功的销售人员具有让自己满意的艺术。

寻求一家适合自己事业发展的公司，对国内的从业人员来说，并不是个简单的问题。目前国内公司良莠不齐，尽管很多，产品很丰富，市场也非常之大，也正因为如此，把自己销售给优秀的公司也就显得尤为重要。

不管您是否曾经从事过销售工作，从现在开始，您的工作就是将您自己销售给一家优秀的企业。所以，为了销售您自己，您必须知道如何找到适合您的最佳工作机会，并知道怎样表现自己，促成交易。这将是您所进行的最简单的销售。有谁能比您更深入地了解您的天赋、您的能力以及您的愿望？没有，只有您自己！

那么，如何才能做到这点？我再给大家讲讲乔·吉拉德的故事吧！

乔·吉拉德认为把自己推销出去，面部表情很重要：它可以拒人千里，也可以使陌生人立即成为朋友。笑可以增加你的

第二章　自我销售的艺术

面值。乔·吉拉德这样解释他富有感染力并为他带来财富的笑容：皱眉需要九块肌肉，而微笑，不仅用嘴、用眼睛，还要用手臂、用整个身体。

"当你笑时，整个世界都在笑。一脸苦相没有人愿意理睬你。"他说，从今天起，直到你生命最后一刻，用心笑吧。

要热爱自己的职业。成功的起点是首先要热爱自己的职业。"就算你是挖地沟的，如果你喜欢，关别人什么事。"乔·吉拉德相信，无论做什么职业，世界上一定有人讨厌你和你的职业。

他曾问一个神情沮丧的人是做什么的，那人说是推销员。乔·吉拉德告诉对方：推销员怎么能是你这种状态？如果你是医生，那你的病人一定遭殃了。

他也被人问起过职业。听到答案后对方不屑一顾：你是卖汽车的？但乔·吉拉德并不理会：我就是一个销售员，我热爱我做的工作。

工作是通向健康、通向财富之路。乔·吉拉德认为，它可以使你一步步向上走。全世界的普通记录是每周卖7辆车，而

乔·吉拉德每天就可以卖出6辆。刚做汽车销售这行时，他只是公司42名销售员之一，而那里的销售员他有一半不认识，他们常常是来了又走，流动很快。

有一次他不到20分钟已经卖了一辆车给一个人。最后对方告诉他：我不想说我就在这里工作。他说来买车是为了学习乔·吉拉德的秘密。他把订金退还给对方。

他认为，最好在一个职业上做下去。因为所有的工作都会有问题，但是，如果跳槽，情况会变得更糟。他特别强调，一次只做一件事。

以树为例，种下去，精心呵护，等它慢慢长大，就会给你回报。你在那里待得越久，树就会越大，回报也就相应越多。乔·吉拉德说，他做销售这行50年，种下的树已经成为参天大树，给他带来了无穷的财富。

第二章　自我销售的艺术

自我推销的策略

在这个世界上,只要有交往,就有推销。我们经常在推销自己,使别人相信自己、赏识自己。因此,生活就是一连串的推销。要推销任何事物,首先要学会推销自己。推销自己是一种社会活动艺术,需要很高的情绪智力。

一个人一旦学会了推销自己,他就可以推销他拥有的任何东西。在目前的信息时代里,我们经常要参加一些会议、聚会或其他社会活动。在这些社交活动中,我们常常自我介绍或相互介绍,不仅介绍自己的姓名、职业、身份、地位,根据场合也介绍自己的学识、兴趣、性格、爱好等。这种介绍的过程,

就是一种自我推销的过程。

人们都问乔·吉拉德同样一个问题："你是怎样卖出东西的？"生意的机会遍布于每一个细节。很多年前他就养成了一个习惯：只要碰到人，左手马上就会到口袋里去拿名片了。

"给你个选择：你可以留着这张名片，也可以扔掉它。如果留下，你知道我是干什么的、卖什么的，细节全部掌握。"所以，乔·吉拉德认为，推销的要点是，并非推销产品，而是推销自己。

"如果你给别人名片时想，这是很愚蠢很尴尬的事，那怎么能给出去呢？"他说，恰恰那些举动显得很愚蠢的人，正是那些成功和有钱的人。他到处用名片、到处留下他的味道、他的痕迹。

每次付账时，他都不会忘记在账单里放上两张名片。去餐厅吃饭，他给的小费每次都比别人多一点点，同时主动放上两张名片。因为小费比别人的多，所以人家肯定要看看这个人是做什么的，分享他成功的喜悦。人们在谈论他、想认识他，根据名片来买他的东西，长年累月，他的成就正是来源于此。

他甚至不放过看体育比赛的机会来推销自己。他有最好的

第二章 自我销售的艺术

座位，拿了一万张名片。而他的绝妙之处就在于在人们欢呼的时候把名片扔出去。于是大家欢呼：那是乔·吉拉德——已经没有人注意那个明星了。

在演讲现场，乔·吉拉德也没有忘记散发名片：世界上最伟大的推销员，现在在卖名片。而他以此为荣。在全世界，到处有人问乔·吉拉德卖什么。他说，是全世界最好的产品——独一无二的乔·吉拉德。

他说，不可思议的是，有的推销员回到家里，甚至连妻子都不知道他是卖什么的。"从今天起，大家不要再躲藏了，应该让别人知道你，知道你所做的事情。"

从乔·吉拉德的身上可以看出，你在自我推销的过程中要表现出良好的情绪智力，要充满信心。你必须确信自己有权占据一个空间，而且在任何地方都感到很自在。你越是对自己充满信心，就越能表现出自己的特色和才能，别人才会深信你是一个坦荡的、有能力的、靠得住的人。信心是你自我推销的最大本钱。

此外，你在自我推销过程中要让对方认识到你有一种特殊的东西正是他所迫切需要的。这就是你个人的风格和特长。

掌握销售技能后的提升

在我们掌握销售技能之后,还需要明白自我推销就是要明确目标,不断努力,具体做法大致如下:

第一步,写清楚自己的工作目标,然后评估为此需要付出的代价,制定出切实可行的计划。

第二步,走访自己的好友,咨询他们对自己的评价,对自己有个正确的认识,总结自己的优势和劣势。如果能够在与朋友评价自我时达成共识,你就成功了一半。

第三步,与自己现有的工作进行比较,看看是否已经人尽

第二章　自我销售的艺术

其才，如果能够争取到更好的机会。

告诉你的老板，说出你的想法，只是有一点需要提醒——交流的方法非常重要。

自信是首要前提，所谓"自信"就是要以直接，诚实，适当的方式表达自己的感情和观点。这种交流需要谈话双方保持一种平静、平等和尊严。

1. 使用第一人称"我"

比如说，"我每个月跟自己的父母沟通一次，汇报自己的工作进展，了解他们的近况，表示我对父母的关心"，"我在会上的建议没有得到足够的重视"，"我每个月有计划，我每年有规划，所有目标都数量化"，"我把数字简化，铭记在心，时刻对照检查。"使用第一人称的好处是使你避免指责他人，能够更有信心地阐述自己的观点。

2. 交流时间的把握非常重要

要经常提醒自己："他在认真听我的谈话吗？"如果要和某人谈话，最好事先确定别人何时方便。既然交流是双向的，替对方着想是获得信任的最好方法。

3. 希望别人对你的谈话信任，要加上些必要的眼神交流

一次谈话只陈述一个主题，讲述一个目标。如果你是部门主

管,希望成为首席财务长官,最好在谈话时着重强调财务职责。

4.必须坚持始终如一

不管是单纯为了交流,还是旨在推销,最好定期加以巩固。建立一种信任需要时间的历练,需要触及切实的利益。

5.不要以为自我推销只对谋求升职奏效

在激烈竞争的工作环境中,只有不断展示自己的价值,不断制订与企业发展规划相一致的各种目标。如果觉得自己的价值与公司的计划发生了偏离,最好开始寻找其他的工作。

当然,在明白这些之后,你还需要掌握一些销售中的交往技能。这些交往技能如下:

(1)谈话之前,要知道对方想什么。

(2)只谈客户关心的问题。客户不问,不要添枝加叶。

(3)谈话多听客户说,做一个好的倾听者。

(4)如果谈话不成功,一定问一下"真正的原因是什么",请求对方帮助自己改进工作。

(5)谈业务之前,先谈认同度——对方最认可的是什么,就先谈什么。

(6)提前知道对方认可什么,并精心准备谈话。

(7)不要海阔天空地谈,随时准备拉近业务内容。

第二章　自我销售的艺术

（8）有些客户需要几年才能成功，所以不要急于做成生意。

（9）拉住群体中"有最大认同度的人"，他就是"核心有影响的人"。

（10）80%的业务收入来自20%的客户。

（11）用80%的精力服务好20%的客户。

（12）客户成交，是生意的真正开始，而绝对不是结束。

（13）你的客户群体越大，你的价值就越高。

（14）保持与你的客户沟通，在他重要的日子或地点，送点礼物或去见他。切记，礼品不要贵重。

记住对方的名字和重要的事情

记住对方的名字,下次见面的时候能正确地称呼。在一个新的企业和面对一个新客户一样,您需要一些交往技巧。初次见面的时候要记住对方的名字和称谓,关注其他同事对对方的称呼,下次见面能够准确地叫上对方的称谓。中国人在称谓上的喜好各不相同,有的受西方的影响比较大,有的则喜好称呼官名。

1.成功推销者的销售语言

"无论在哪里,我都希望您是一个诚信的人。"这是我在进入销售行业时,张其金说的话,"无论是您的家人、朋友,

还是客户、同事，没有人喜欢一个不诚实守信的人。"

2.诚信小原则

诚：对与您交往的人您必须做到真诚，欺瞒不是成功人士的能力；

信：守信用，重承诺是中国人评价商人的最重要的标尺。

（1）不要试图虚伪地在您的同事、上司面前表现您的"智慧"，您是一个将要获得成功的人，您希望每个人都尊重您，首先您必须尊重别人。任何虚伪只能表现在您的嘴上，但却掩饰不住您的眼神、还有您那并不是演员的身体语言。

（2）不要说违心的话：您所说的和您所表现的肢体语言会将您的虚伪展现出来。

（3）选择恰当的时机赞扬：时机正确，对方在不知不觉中接受到您的赞扬，这些赞扬会沉积在对方的心理。

（4）用语言简意赅：意思到了就行了，不要讲那些大道理让人反感。

（5）注意场合：有些场合不适合赞扬一个人，对方有他接受称赞的环境因素。

您认可客户的同时，也获得了客户的认可，您可以和他们融洽地交谈，他们也会很积极地回应您所提出的问题。您现在

要展示的是您的工作态度和能力。

一个用心的销售人员会把生活中的每件事当作是销售的一种形式,并不是刻意地要用一种与众不同的方式展现自己

3.销售小技巧

(1)最成功的销售,10分钟内搞定。超过30分钟,生意很难做成。

(2)去约见大客户,等待小客户来。

(3)大客户重在服务,小客户重在质量。

(4)客户并不懂,你才是专家。像扮演专家的样子。

(5)谈完话,带走你的资料。

(6)有钱人不是你的客户,能消费的人才是你的客户。

(7)有些人大大咧咧,是最大的潜在客户群体。

(8)让你的客户帮你推销,如果你的产品是最好的。

(9)你的客户,只是你喜欢的人。如果你不喜欢一个人,不要期望把他发展成客户。

(10)热爱产品,关心公司,你爱企业,客户也爱你。

您的工作伙伴,如财务人员、企划人员、您的上司和同伴,您需要和他们建立工作上的紧密联系,让他们喜欢和您一起工作。工作是一件很愉快的事情,您充满朝气,您的热情会

第二章　自我销售的艺术

感染每一个人。您不是一个人在工作，您是团体中的一员。

您对企业的很多东西并不是很清楚，产品、销售方式、销售策略、结算办法等等。您可能要先学习填写很多种报表，这时您会碰到很多问题，这些问题是您表现工作态度的一个方面，不要把问题留在自己身上，一定要去请教您的上司、财务人员还有企划人员，当然还有和您一样从事业务工作的前辈。

您的思路要开始转到工作上，您的想法、建议意见需要找到合适的人进行探讨，让上司、同事对您有一个全面的认识。做到这一步，您的上司就可以比较完善的安排您的工作。

每个人都得经历从不熟悉到精通的过程，因为您现在还不懂，所以您每天都在认真学习，每天都在进步。只要您愿意为您的目标付出足够的努力，您就会离目标越来越近，如果您掌握一些技巧，生活并不会因为追求理想而变得偏执，而且会充满乐趣。下面我就给大家列出一些销售技巧，以便大家在销售中能够应用自如：

（1）每年至少给自己的客户和潜在客户发一份贺卡。

（2）每年至少给自己的朋友打一个电话。

（3）你的最大业务量来自你最熟悉的区域。

（4）你生活周围的5公里，应当成为你的势力范围。成功

1%，就可安稳生活一辈子。

（5）自己的名片是特制的。写上一句让人见了会感动的话。会很容易获得他人的认同。

（6）自己的贺卡是特制的，手写的签名是唯一的。是你的文化形式。

（7）吃饭固定几个地方，成为常客。与服务生和饭店经理都搞好关系。

（8）见什么人说什么话。

（9）高帽子不要戴在马屁股上，赞美要适当。

（10）资料呈递，随时解释。不要只邮寄资料给对方。节省他的时间。

（11）目标明确化，指标数量化，随时跟随计划。

（12）越成功的，你的机会越多。把你的成功写在脸上，把你的荣誉写在名片上。

（13）在公司做事，为公司尽心，永远不挖公司墙角，永远不破坏公司在客户中的形象。

（14）陌生拜访（调查），带点小礼物。礼物不贵重，却可获得宝贵的信息。

（15）见人之前先约定，只谈10分钟。尊重他人也尊重自

第二章　自我销售的艺术

己的时间。

（16）生意就是生意，不要带着感情色彩。因为生意是认同度的交换，是一个愿意买，一个愿意卖。

（17）生意谈成前，争取让他连续说七个"是"或"对"。最后一个问题是："我们现在该签约了吧？"

（18）模仿他，你就是他。他不会拒绝自己，而会认同自己。

（19）永远不要与人争论。即使是别人错的，原谅他吧。争论，是生意场最失败的招数。

（20）永远不要贬低竞争对手。尊重你的对手，客户才会尊重你。

（21）不与同行成为仇敌，而成为朋友。大家都好，市场才大，市场大了，大家更好。

（22）你的产品一定有最优异的地方。找出来，突出它，最多突出3条优点。不要介绍100种优点。

如何销售自己

齐滕竹之助，日本著名推销员，他在57岁那年开始从事推销生命保险工作。七年后荣登全日本推销第一王座，六年后又以年签定4988份合同创下了世界第一纪录。

日本昭和27年，齐滕竹之助57岁，他正式作为朝日生命保险公司的推销员，开始了第二人生，即退休之后的人生。他在进入朝日生命保险公司时，即立志成为公司2万名推销员中的首席推销员。

一旦决定了的事情，就要不顾一切地去干，这是齐滕竹之助的性格。首先，他开始了学习，找来所有能找到的国内外有

第二章　自我销售的艺术

关涉及推销员成功的书籍，用心阅读。以书中所列的事例作为典型，训练自己的头脑。多年之后，在他成为世界第一推销员后还告诫立志从事推销工作的人说："要做第一流的优秀推销员，需要有足够的见识，努力掌握推销技术。"

对齐滕竹之助印象最深的是美国生命保险推销大王佛郎哥·贝德格写的《我是如何在销售外交上获得成功的》一书。贝德格在做推销员之前，是有名的职业棒球选手。在一次比赛中，他的手腕受伤，不得不退出球坛，回到故乡，谋求到生命保险推销员的职业。可是，贝德格的工作总不见成效。有一个时期，因为屡屡失败，甚至想甩手不干。但他坚持下来了，克服了许许多多的困难，成为第一流的推销员。他把自己从事推销工作中失败与成功的各种体会，以"搞经营要一心一意，这样做必定成功"等标题写成书。齐滕竹之助把此书带在身边，在上班途中，无论是在火车上还是电车上，都专心致志地每天反复阅读，而且暗暗发誓：我也要像贝德格那样获得成功，不，要和贝德格争个高低！

齐滕竹之助第一次推销是去拜访东邦人造公司。当被引进到房间时，他心里感到从未有过的紧张。他向经理和总务部长说明了情况，即告辞出来。可是，在他走过收发室时，却遭到

了意外的打击。收发员说："您好像也是生命保险推销员吧？可是，有那位先生插手进来，怕是不好办的呢。"这位收发员告诉齐滕竹之助，第一生命保险公司的渡边幸吉先生来了，门口正停着渡边幸吉豪华的"卡迪拉克"车，幸吉先生在生命保险推销界，号称日本第一老手。看着那黑闪闪的高级轿车，齐滕竹之助感到一种沉重的败北感压上心头，最好是就此作罢，还是一直努力到最后？这两个念头，在他的头脑里打转。然而，不久齐滕竹之助就想开了，怎么能认输呢?决不认输，他感到斗志在全身燃烧。

"超过卡迪拉克"。从此之后，不论是睡觉还是走路，齐滕竹之助的脑子里想到的只有这一件事。那天晚上，他回到家中，一直坐到深夜，制订了一份详细的计划。那是一份无论提问哪一点，无论谁提出质问，都可从中找到完整答案的庞大计划。

第二天，齐滕竹之助就带上计划去东邦公司，再次拜访总务部长。"和幸吉先生相比，我不过是个初出茅庐的新手，深感自愧。不过，若是部长能抽空审查、研究一下这份计划，将使我万感荣幸，无论如何请您关照。"说着，放下计划就告辞了。尔后几天，他天天来访，打听情况。"要超过卡迪拉克"这个信念在激励着他不懈地努力。

第二章 自我销售的艺术

"你可真能干啊!"终于,收发员对齐滕竹之助这样说道。在他每次访问时,深深感到要想使自己的意志贯彻始终是多么艰难,但热忱总是能得到理解的。不论什么时候,对方一定会满怀善意地予以接待。收发员的这句话,使齐滕竹之助受到很大鼓励,更加起劲地每天拜访。"不论是多么困难的推销,只要能以诚意和热忱相待,就必定成功",他翻来复去地背诵着贝德格的这句话。

终于有一天,总务部长打电话叫他立即去,盼望已久的时刻终于到了。当他走进经理室,经理和总务部长就微笑着站起身来说:"齐滕君,让你多次奔波,辛苦了。我们决定和你签订2000万的合同,因为你的计划制订得很出色,祝贺你!"此时,齐滕竹之助不由得热泪盈眶。为了这一瞬间的成功,他付出了多大的努力啊!终于胜利了,终于战胜了那辆"卡迪拉克"。当他告辞出来,走到大门时,已看不到那辆黑色的高级轿车了。当想到这是靠自己的努力把它赶走时,内心无比激动。

此后不久,齐滕竹之助制订计划准备向五十铃汽车公司开展企业保险推销,可是听说那家公司一直以不缴纳企业保险金为原则。以致在当时,不论哪个保险公司的推销员发动攻势都无济于事。这是一个很难对付的公司。他想,如果集中攻击一

个目标可能有效果。于是选择总务部长作为对象进行拜访。然而，总务部长总也不肯与齐滕竹之助会面。去了好几次都以各种理由推托，根本就不露面。但是，齐滕竹之助继续坚持耐心地拜访。

就这样过了两个月，终于齐滕竹之助得到允许与总务部长见面。走进接待室，他抑止不住兴奋之情，竭力向总务部长说明加入生命保险的好处，紧接着拿出早已准备好的资料，热心地开始说明。可是，总务部长刚听了一半就说："这种方案不行，不行。"然后站起身走开了。

齐滕竹之助怀着说不出的气愤离开了那里。回到家后立即坐下来，绞尽脑汁地反复推敲、修改那个方案。第二天早晨，将新的销售方案和参考资料交给总务部长。然而，总务部长以冷冰冰的语调说："这样的方案，无论你制订多少带来也没用。因为本公司有不缴纳保险的原则。"齐滕竹之助惊呆了。怎么说出如此轻侮人的话呢？昨天你说的是那个方案不行，我熬一夜重新制订的方案，却又说什么无论拿出多少方案也白搭……

齐滕竹之助几乎被这莫大的污辱整垮了。但忽然间，他的脑海里闪出的一个念头就是："等着瞧吧，看我如何成为日

第二章　自我销售的艺术

本首席推销员"的意志以及"我是代表公司来搞推销的"自豪感。于是，他的心情渐渐平静下来。说声再见就告辞了。从此，他开始了长期、艰苦的推销访问，前后大约跑了300次。持续了三年之久。从齐滕竹之助家到五十铃汽车公司来回一趟大约需要六小时。一天又一天，他抱着厚厚的资料，怀着"今天肯定能成功"的信念，不停地奔跑。就这样过了三年，终于成功地完成了这笔盼望已久的销售。

推销就是初次遭到顾客拒绝后的坚持不懈。也许你会像齐滕竹之助那样，连续几十次几百次地遭到拒绝。然而，就在这几十次、几百次的拒绝之后，总有一次，顾客将同意采纳你的计划。为了这仅有的一次机会，推销员要做殊死的努力。推销员的意志与信念就显现于此。在遭到顾客拒绝之后，如果不再努力的话，顾客将无法改变原来的决定而采纳你的意见，也就失去了销售机会。

齐滕竹之助认为，遭到顾客拒绝而不气馁的要点在于耐心地坚持访问以及揣摸顾客的意愿去动脑筋、想办法，不断改变推销方案。还要记住：无论在什么时候，都要为顾客着想去搞推销，这是有可能收到最佳效果之要点。

齐滕竹之助也曾经历过失败的痛苦，那是在他搞推销的第

三个年头。他和某机械公司成功地签订了1亿元的保险合同。在接到该公司第一次缴纳的保险金时,他非常高兴,在饭店里设宴招待这次合同的参与者,花费了50万元。齐滕竹之助指望从不久即可到手的合同手续费中支出。可没想到突然发生了意外事件,那家公司倒闭了,当然也就不会再缴纳第二笔保险金,而他却必须按照公司内部的规章制度,如数偿还约50万元的手续费。

然而,齐滕竹之助没有这么多钱,他陷入了一筹莫展的绝境。面对此情景,他想,"既然如此,那就向别的公司推销吧。"这需要完成大约3000万元的保险销售,而且,一定要在新年到来之前完成,而当时已是12月25日了。在凛冽的寒风中,齐滕竹之助急匆匆奔波在空旷的大街上,寒风袭来,只感到浑身刺骨般的寒冷。他拼尽全力地去销售,脑袋里只有一个念头:无论如何都要完成3000万元的销售额。他终于成功了,12月30日那天傍晚,他终于同一家公司签订了3000万元的保险合同。

唯有渡过难关,推销员才能变得异常的坚强。无论哪个出色的推销员,都有过十分艰难的经历,而因为闯过了这些难关,才能成为今日的成功者。日本有一位武将山中鹿之助曾

第二章 自我销售的艺术

经对着月亮祈求:"希望让我们承受百倍苦难。"齐滕竹之助说,作为推销员,也应该具有这种勇气和意志,排除万难,努力奋斗。

齐滕竹之助是勤奋的,从早到晚一刻不闲地工作是他的特点。他典型的一天生活就是:早晨五点钟睁开眼后,立即开始一天的活动,躺在被窝里看书,思考推销方案;六点半钟往顾客家里挂电话,最后确定访问时间;七点钟吃早饭,与妻子商谈工作;八点钟到公司上班;九点钟出去推销,下午六点钟下班回家;晚上八点钟开始读书、反省、安排新方案;十一点钟准时就寝。"只要干就能成功",这就是他的准则。

成功当然不仅仅需要毅力和勤奋,齐滕竹之助认为推销首先要推销你自己。顾客是人,推销员也是人,那么其间必然存在着人与人的交往,形成"人事关系"。要使这种人事关系圆满地进行下去,就需要有相互间的信赖。为了取得这种信赖,优秀的推销员首先是从推销自己开始推销的。16年的推销经历使齐滕竹之助切身感到对于推销员来说,自我推销是非常重要的关键。他就是始终坚持首先推销自我,才能够取得今天的成功。

自我推销的推销法,首先要求推销员赢得顾客的信任和喜爱。为此,推销员应当真诚地对待顾客。齐滕竹之助认为,即

使语言笨拙,只要能与对方真诚相见,也一定能打动对方的心灵。顾客不是为你的推销技巧所感动,而是为你的高尚人格所感动。如果成为让顾客信任的推销员,你就会受到顾客喜爱,而且能够和顾客形成亲密的关系。一旦形成这种关系,顾客仅仅因照顾你的情面,也会自然而然地购买商品。其次,推销员要经常替顾客着想,站在顾客的立场上考虑问题,进行商谈。齐滕竹之助将自己的做法归纳为:最要紧的是对顾客想了解、期望、要求的事情,全力以赴、诚心诚意地帮助去办,尽快、尽早地提供服务;对顾客接待自己并购买自己推销的商品,要经常怀着感激的心情,去与顾客接洽;尊重顾客的想法、知识、人格、职业、地位。

第三章

成功销售的关键

第三章　成功销售的关键

具备专业的销售技巧

很多销售经理都曾经讨论过这样的问题，有没有专业销售技巧？什么是专业销售技巧？其实，销售工作不但有技巧，而且它在销售中起着举足轻重的作用——一个成功的销售员，其成功的最主要因素即源于销售技巧的培训和学习。在我的培训课上，我常对我的学员所讲的销售技巧有以下九个：

（1）多参与成功人士的聚会。模仿他们的言行，学习他们的思维，然后在销售中使用。

（2）多参加博览会、展览会和其它大型商务会议，是你获得客户资料的好机会。

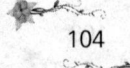

（3）要有自己的业务专长。公司产品上千种，你应当突出几种，成为精英，就是你的文化。

（4）达到目标要奖励。诺言落空要惩罚。

（5）每天工作完毕要写日记，总结一日得与失，做好新计划。

（6）身体是本钱，养成良好的作息习惯很重要。

（7）睡觉之前想一下全天的工作和明日的计划。

（8）睡觉之前的最后一个想法是：我今天是如此优秀，真是一个天才。

（9）早晨起床的第一个表情是微笑。

上面这些销售技巧只是一些零星的东西，在我讨论专业销售技巧之前，我们首先要对销售人员的素养有个基本的了解。

在我多年培训经历过程中，我总结出了一个成功的销售员必须要有三个最基本的特征：正确的态度、合理的知识构成和纯熟的销售技巧。

1. 正确的态度

正确的态度是成功的保证。作为优秀销售员，需要具备三种态度：

（1）成功的欲望。任何销售员的脱颖而出都源自于成功

第三章 成功销售的关键

的欲望,这种成功的欲望最初的出发点很可能是对金钱或者物质的欲望,即销售很多产品以后能获得多少物质收获,以便使其个人生活和家庭生活变得更加美满幸福。这种成功的欲望正是促使销售员不断向前的推动力。

但是,在成功的欲望中,销售人员对金钱的渴望却是放在首位,因为在他们看来,自从有了金钱,就有了穷人和富人,也就有了快乐与忧伤。那些拥有金钱的富人与没有金钱的穷人被分割在两个不同的世界里,金钱事实上已经成为影响社会公平与天下稳定的重要因素。

钱通的第一位金钱导师对钱通说过一段话:"这个世界上有许多人,他们对于金钱的态度不同,因而所得的结果也不同。第一种是对金钱没有欲望的人,这些人或许是没有意识到金钱的重要性,或许是认为财富离自己很遥远,或许是对自我缺乏自信,因此,他们远离金钱成为了穷人。第二种人对金钱虽然具有强烈的渴望,却没有掌握正确的方法,他们或许成了不成功的商人,或许是用不正当的手段谋取金钱,因而成了强盗、小偷和诈骗犯。第三种人,他们既对金钱充满欲望,又懂得运用金钱的方法,然而他们没有掌控金钱的理智,这些人最后成了破落的贵族、金钱的奴隶、或是以钱行恶的罪恶者。

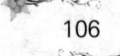

因此世界上只有那些对金钱有着天生欲望,懂得金钱的使用技巧,同时又具备掌控金钱的理智的人才能真正成为圣商,也就是第四种人。所以商圣有一句话,他说:'金钱是一个好奴仆,但却是一个坏主人。'这句话是说,作为一个商人,只能成为掌握金钱的主人,而决不能成为金钱的奴仆,如果让金钱变成了支配你的魔鬼,那么它将变得越来越强大,它将左右你的每一个想法、嗜好和行动。我的孩子,你还要记住:对金钱的渴望、运用金钱的技巧、掌控金钱的理智这三点是成为一个成功商人所必需的三个要素。偏离了这三个要素,一切都将事与愿违。"

所以,能够正确认识金钱并能对金钱有着强烈渴望的销售人员才能走向成功。

(2)强烈的自信。销售员必须具备强烈的自信。这种自信不仅仅是对自己的自信,更重要的是对销售工作的自信。

自信是一个人心中的灯光,时刻照亮着人生的坐标。心中失去自信的人,他的眼中总是布满迷惘。自信是生命的焰火,照亮着人生的过程,如果一个人没有自信,他的生命会暗淡无光。自信是坚实的足迹,踏踏实实走出人生的大道,回望走过的路,心中依然十分自信。自信不是骄傲,骄傲的人常常轻

第三章　成功销售的关键

狂，狂妄。自信的人是以自已的实际能力接受来自心理和社会的压力，激发创造的动力，体现为沉着、冷静的情绪，胸有成竹的气源。自信的反面是自卑。自信是健康的心理，自卑则是病态的心理。与自信相伴的是成功和希望，与自卑相伴的是失望和绝望。于是自信的人满怀豪气，自卑的人常常产生丧气和恐惧。自信和成功不可分，十分成功中有五分是自信。只要自已相信自已，脚步就会变得坚实，脚下的路就会伸向远方，自信就会收获明天的硕果。

任何一名成功的销售员都对自己的职业充满了由衷的热爱，对事业充满了强烈的信心，而这也应是销售员应该具备的一个态度。

乔·吉拉德说："信心是销售人员胜利的法宝。"乔·坎多尔弗说："在销售过程的每一个环节，自信心都是必要的成分。"销售是与人交往的工作。在销售过程中，销售人员要与形形色色的人打交道。这里有财大气粗、权位显赫的人物，也有博学多才、经验丰富的客户。销售人员要与在某些方面胜过自己的人打交道，并且要能够说服他们，赢得他们的信任和欣赏，就必须坚信自己的能力，相信自己能够说服他们，然后信心百倍地去敲顾客的门。如果销售人员缺乏自信，害怕与他们

打交道，胆怯了，退却了，最终会一无所获。销售是易遭顾客拒绝的工作。如果一名销售人员不敢面对顾客的拒绝，那么，他就根本没有希望取得好成绩。面对顾客的拒绝，销售人员只有抱着"不定什么时候，一定会成功"的坚定信念——即使顾客冷眼相对，表示厌烦，也信心不减，坚持不懈地拜访顾客，才能"精诚所至，金石为开"，最终取得成功。

　　销售是不易取得成绩的工作。销售不像工厂里的生产，只要开动机器，就能制造出产品。有时销售人员忙忙碌碌，费尽千辛万苦，说尽千言万语，也难以取得成效。看到别的销售人员成绩斐然而自己成绩不佳，就会对销售失去信心。自信是销售成功的第一秘诀。相信自己能够取得成功，这是销售人员取得成功的绝对条件。

　　销售是与人打交道的工作。在销售过程中，销售人员要与形形色色的人打交道。这里有财大气粗、权位显赫的人物，也有博学多才、经验丰富的客户。销售人员要与在某些方面胜过自己的人打交道，并且要能够说服他们，赢得他们的信任和欣赏，就必须坚信自己的能力，相信自己能够说服他们，然后信心百倍地去敲顾客的门。如果销售人员缺乏自信，害怕与他们打交道，胆怯了，退却了，最终会一无所获。

第三章　成功销售的关键

销售是易遭顾客拒绝的工作。如果一名销售人员不敢面对顾客的拒绝，那么，他就根本没有希望取得好成绩。能够坦然地面对拒绝并鼓起勇气再去尝试，使推销成功，是检验推销员能力的试金石。对一个推销员来说，生意是否景气，不在于外部环境，全在于有没有积极的心态。无论怎么样，他只是"可能"拒绝你。每个人在初次拜访客户时都有些情绪紧张，但你还是要硬着头皮去做。因为这就像踢足球，射门，球不进的概率是50%；不射门，球不进的概率是100%。每一名从头干起的创业者都会遇到类似的尴尬场面。但是他们当中的成功者，却会时刻关注自己的目标，并围绕目标适应环境的变化，调整心态。相反，一些平庸者却常常被意外的挫折打乱阵脚，忘记生意，拂袖而去。积极的想法会产生行动的勇气，而消极的想法只会成为你面对挑战的障碍。

销售是向顾客提供利益的工作。销售人员必须坚信自己产品能够给顾客带来利益，坚信自己的销售是服务顾客，您就会说服顾客。反之，销售人员对自己的工作和产品缺乏自信，把销售理解为求人办事，看顾客的脸色，听顾客说难听话，那么，销售人员将一事无成。

相信自己的产品，相信自己的企业，相信自己的销售能

力，相信自己肯定能取得成功。这种自信，能使销售人员发挥出才能，战胜各种困难，获得成功。

（3）锲而不舍的精神。销售是从失败开始的，整个销售过程都充满艰辛和痛苦，因此锲而不舍的精神是销售成功的保证。无数次实践证明，在销售之前遇到的挫折越大，克服挫折产生的成绩就会越大。

锲而不舍很容易说，但很难做到。记得美国前总统柯立芝有句名言："这个世界充满聪明而失意的人，受过良好教育但成日感叹怀才不遇的人，他们有个共性，缺少锲而不舍的精神。"

什么是锲而不舍的精神？它是在忍无可忍的时候，再忍下去的毅力！是一种鞭策自己的意志力的精神。一个成功的推销员通常在进行推销时，要面对50次以上的"不需要"、"先看看""不喜欢""太贵"的拒绝，才会产生一个有望客户，您若是没有坚强的意志，是很容易被击垮的。销售人员也是人，我很难要求你长时间终日暴露在被客户拒绝的环境中，仍维持你的意志力，但是你的意志力必须支持你完成"最低的目标"。如果谁认为他能在销售市场中一炮打响，一飞冲天，他准是在做白日梦。就算他运气好，一进入销售领域就捞了一

第三章 成功销售的关键

笔,这笔钱来得容易,但它只是客户暂时借给他的,他如果不去辛苦地工作,他终究会失败。

在我当初进入销售领域时,我经过许许多多的不眠之夜,才取得了成功,尽管后来走上了培训的课堂,但我对当时的经历仍历历在目!我今天还能感到当时痛苦到麻木的感觉,随后两星期连饭都吃不下。最痛苦的不是客户的流失,可怕的是不知我还能坚持多久!我不断问自己:这个行业适合我吗?我知道大学熬四年能毕业,其他行业也有学徒出师的时候,但销售大学的毕业期何在?像这样每天工作十小时,不仅今天没有工资,也不知道以后会不会有报酬的日子到底要熬多久?我有没有毕业的可能?我是穷人家的孩子,过的是现挣现吃、手停口停的生活,多年省吃俭用的储蓄一天天地减少,这日子有熬出头的一天吗?放弃的念头无日无之。就算到餐馆做跑堂,一天也总能挣上几十块钱。读者可以想象我当时的绝望。当然,我如果当时真放弃了,读者也看不到这本书。

七年过去了,回首往事,有时自己都为自己的韧性感到骄傲。希尔在他的不朽名著《思考致富》中说:"当财富来到的时候,它将来得如此急,如此快,使人奇怪在那艰难的岁月,这些财富都躲到哪里去了?"我的生活经验证明这句话确实无

误。这句话和孟夫子的名言"天将降大任于斯人也,必先苦其心智,劳其筋骨,饿其体肤"有异曲同工之妙。

成功来得太容易,它通常不会持久。这个世界有太多的地方能让头脑发热的人摔跤,而且你永远猜不到在什么地方摔跤。因为成功若来得太容易,人往往不知福,不惜福,忘了自己是谁!黎明之前总是最黑暗的,你能熬过这段时间,你才能看到光明。请记住:成功的秘诀不外乎是"在忍无可忍的时候,再忍一忍"。

2. 着眼于成为专业人员

在销售中,你的业绩只能通过不断的出色表现才能实现,其中专业技能具有决定性的意义。你不会因为获得学位或是某个具体的头衔就成为一名专业人员。你今天做的事情也只能让你在今天称得上是专业人员。当你的表现像个专业人员时,你就是专业人员,但当你表现得不再像个专业人员时,你也就不是专业人员了。

专业人员比其他人更清楚自己在做什么。他们为了把事情做得更好,专业人员也在不断努力去学习更多的东西,做更多的练习。只要你按照下面的要求去做,你也会成为专业的销售人员,而且你的销售额会比你的竞争对手甚至你的同事都多。

第三章　成功销售的关键

熟知你的产品和与之竞争的产品：研究你的产品、公司、市场、竞争产品以及客户。自己收集信息，你会成为出类拔萃的专家。

设置目标，并制订计划实现目标：列出需要优先考虑的事情，然后根据其对销售成功的帮助作用排序。直接进入优先考虑的事情，把时间花在重要的事情上。

不断练习，直到完美：一个演莎士比亚的演员演了30年莎士比亚，他没有去改变台词，而是改变台词的表现方法，使得每一次表演都要比上一次精彩。这一点也适用于销售行为。

3. 纯熟的销售技巧

在你与客户第一次洽谈时就要为成功销售打好基础。首先要了解客户的观点，接着为每一次销售洽谈安排有效的销售策略，制订以客户行为来表述的目标。在这样的背景下，销售员最需要的就是销售的技巧。下面就为大家讲述几个销售员常用的销售技巧。

（1）"只要人对了，世界就对了。"销售这个行业，一定要有积极向上的心态，尤其是对于每天要面对不同类型的客户的人来说，每天不吃维生素，长久以往，不是缺钙就是缺根筋。

（2）"嘴巴甜"。赞美客户，哪怕是不值得赞美的客

户。推销技巧中用的赞美绝不是简单的"拍马屁",赞美有四大原则:

第一,语调要热诚生动,不要像背书稿一样。

第二,一定要简要,大白话,流利顺畅,要讲平常所说的话。

第三,要有创意,赞美别人赞美不到的地方。

第四,要融入客户的公司和家庭。

(3)是"腰要软"。都说谦虚使人进步,成熟的稻穗都是弯着腰,越成功要越谦虚,越是要向别人学习。

技巧是没有先后主次的,关键是看你怎么运用,怎么用最合适的手段来处理最糟糕的事情。

如果把专业化推销流程细分的话,可以画成这样的一张图:无论是什么类型的销售,推销的流程总是一样的,但是并不是所有的推销流程都需要这几步,有些人就是不要你展示产品,有些人就是不用你促成。流程只是一个一般的武术套路,克敌制胜也许需要你把套路来来回回地演练上好几遍,但也许只要那么一两招。完全消化购买点是很重要的,这是销售的基础。清楚自己的产品有什么特色,能拿什么去吸引人——这也就是所谓的产品的卖点。

纯熟的推销话术和动作——做推销，就是要像一个专业的演员——拥有着纯熟的演技，一场推销就像是一场"秀"。

销售人员还要有一颗善解人意的心，所谓"入山看山势"就是这个道理。销售人员要做推销原则的化身——"忘我"和"无我"。不管你的客户要不要你的产品，你都要做你该做的推销的动作。拒绝是每个销售人员成长过程中几乎每天都要碰到的事情，但是，我们不能因为要遭受拒绝而不做推销的动作。客户的反应不外乎以下这三种：

第一，讨厌，真是神经病。

第二、不说话。

第三、太好了！

我们不指望每个客户都说"太好了"，同样，我们也不会碰到每个客户都说你是"神经病"。每个拜访的客户都是人民币，推销永远都是大数法则，和你拜访的客户数成正比。

销售人员最要不得的两个字就是"怕"和"懒"，推销就是一场Yes和No的战争，一场做和不做的斗争。

出击再出击，一个销售人员唯有不断地向自己挑战，锲而不舍，才能获得成功。

销售的基本原则

"友好,但千万不要强制"是销售的一条重要原则。

戴维·理查森是一位富有鼓动性的演说家,他告诉了我们怎样在做介绍之前就赢得顾客。

戴维说,如果在开头的讨论中,你能使顾客处于一个能使他感到愉快的"匣子"里,你们双方就都将会以最佳的心情进行友好的交谈,并且会促成交易。这个"匣子"是由以下部分组成:

(1)态度。要表现出更多的热情,并把你的心思集中在完成任务,而不是挣钱上。

第三章　成功销售的关键

（2）诚挚。靠创造出一种互相帮助的气氛来融洽买卖关系，并且聆听顾客怎样回答你的问题。

（3）能力。通过你的陈述及提问来证明你是一个商品使用顾问，而不只是一个产品推销员。

（4）了解需求，建立目标。准确地了解顾客需要什么，想要什么以及期待什么，这使你能够有针对性地对他进行介绍。

如果你能使语调与潜在顾客的声音配合，并且在这期间借鉴他的姿势，那么顾客会心情愉快并准备进行一次友好的谈判。

所有的销售除了遵循上述原则外，还必须遵循两条最基本的原则：一是，见客户；二是，销量与拜访量成正比。这两条原则是销售工作最基本的保证，销售员一定不能忘记。

1. 见客户

销售工作需要遵循的第一个原则就是见客户。如果没有见到客户，再高明的技巧、再渊博的知识都没有用处，所以要多花时间和客户一起度过。有些营销员一开始见客户就说个不停，有很多话要说，词汇丰富，业务也说明白了，自己也满意了，就等结果了。

但是，要他们再多去见这个客户几次，他们见面后就不知再说些什么了，因为他们前几次已漫无边际，不管什么话都讲完了，他们还有什么可讲呢？

你滔滔不绝地讲个不停，导致客户没讲多少话，你就了解客户太少，以至于再去见这客户而没什么话讲了。

营销的思维是双向的，沟通的思维也是双向的，讲话的技巧也表现在思维双向上！我们说话要有重点，分步、有计划地讲，并不断地加以修正自己的讲话内容和沟通的方向。

其要点是：营销员见客户，不是要看营销员说得多少，不是营销员在客户面前讲得越多越好，而是让客户在你的面前讲得越多越好，这样才会有更高的成功率！

这就是营销中的学问。想是思考，听是方法，讲是手段，写是技巧。教是进步，经营才是艺术！

（1）"想"是销售员应该具备一定的策划能力。销售是件很艰苦的工作，它需要坚持不懈地努力，并且你得确保能够坚持到底。要想成为销售顶尖高手，你就需要对你所负责的市场开展销售工作，这些工作包括市场调研、市场规划、客户开发、客户管理、投诉处理等基础性工作都要销售员亲力亲为。要做好这一切，确保市场销售持续健康发展，首先，销售员必

第三章　成功销售的关键

须对其所负责的市场有一个整体的市场规划，包括阶段性销售目标、销售网络如何布局、选择什么样的经销商、以什么样的产品和价格组合切入、采取什么样的促销方式等。其次，销售员在开发经销商和管理经销商过程中，经常会碰到很多问题，如经销商抱怨产品价格过高、要求做区域总代理、要求厂家垫底资金、控制厂家的发展、质量事故等，销售员要处理好这些问题，必须运用一些策略，而这些策略，就需要销售员精心地策划。再次，销售员还应该充当经销商的顾问与帮手，发现经销商在发展过程中的机会与问题、对经销商的发展提供指导、帮助经销商策划促销活动和公关活动等。只有销售员是一个策划高手，才有可能使所负责的市场销售业绩更快更稳健地增长；只有销售员帮助所负责的经销商出谋划策，才能赢得经销商的信赖与认可，才能充分利用和发挥经销商的分销功能，确保销售网络的健康与稳定。所以我认为，一个销售高手在任何时候都记错不放弃，不断思考、分析问题，总结经验，归纳规则，直到成功，这就是思考行销，也是销售高手的基本素质。

（2）"听"是销售员应该具备倾听的能力。在开发经销商的过程中，很多销售员不管经销商愿不愿意听，上门就叽哩呱啦：自己的产品是多么好，自己的产品功能是多么齐全，自

己的公司是多么优秀，经销商代理销售这种产品能带来多么丰厚的利益。以这种方式推销产品的销售员，大部分都是无功而返。实际上，不管是开发经销商还是处理客户投诉，倾听比说更重要。为什么呢？一是倾听可以使你弄清对方的性格、爱好与兴趣。二是倾听可以使你了解对方到底在想什么、对方的真正意图是什么。三是倾听可以使对方感觉到你很尊重他、很重视他的想法，使他放开包袱与顾虑。四是当对方对厂家有很多抱怨时，倾听可以使对方发泄，消除对方的怒气。五是倾听可以使你有充分的时间思考如何策略性地回复对方。销售员如何倾听呢？一是排除干扰、集中精力，以开放式的姿态、积极投入的方式倾听客户的陈述。二是听清全部内容，整理出关键点，听出对方话语中的感情色彩。三是重复听到的信息，快速记录关键词，提高倾听的记忆效果。四是以适宜的肢体语言回应，适当提问，适时保持沉默，使谈话进行下去。

（3）"写"是销售员应该具备撰写一般公文的能力。很多营销主管可能都有这样的经历：经常有销售员以电话的方式向你汇报，这个竞争对手在搞促销，那个竞争对手在降价，请求你给予他政策上的支持。当你要他写一个书面报告时，销售员要么是不能按时将报告传回，要么就是写回来的报告层次不

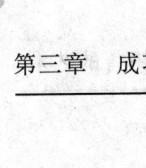

清，意图不明确。为什么会出现这种情况呢？因为很多销售员根本不会写报告或者写不好报告。如何提高销售员写的能力呢？一是销售主管在销售员汇报工作和要求政策支持时，尽可能地要求他们以书面的形式报告。二是针对销售员，聘请专业人士进行公文写作培训，或者购买有关书籍组织销售员学习。三是要求并且鼓励销售员多写一些销售体会方面的文章，并在企业内部刊物或一些专业性杂志上发表，对成功发表文章的给予适当的奖励。

（4）"说"是销售员应该具备一定的说服能力。销售员是产品的广告代表，企业的基本情况、产品特点、销售政策都是通过销售员向经销商传递的。销售员在与经销商沟通厂家政策时，有的经销商很快就明白并理解了企业的意图，有的经销商对企业的意图不了解或了解但不理解，有的经销商对企业很反感甚至断绝与企业的合作关系。为什么会出现这些情况？原因就在于不同的销售员说服能力不一样。销售员如何提高自己的说服能力？一是销售员正式说服经销商之前，要做充分的准备：首先，通过提问的方式向和经销商相关的人或经销商本人了解经销商的需求，即他在想什么、想要得到什么、担心什么，以便对症下药。其次，针对经销商的需求，拟订说服计

划,把怎样说服经销商、从哪些关键点去触动他写下来,牢记在自己心中。再次,说话要生动、具体、可操作性强,在销售说服过程中,要具体讲到何时、何地、何人、用何种方法、实施后可达到何种效果。最后,多站在经销商的角度,帮助他分析他的处境,使他了解企业的政策能够帮助他改善他的处境,向他解释企业的政策具体操作方法,描述执行企业政策后能给他带来的利益与价值。

(5)"教"是销售员应该具备一定的教练能力。

优秀的销售员之所以能保持较高的销售业绩,是因为他能有效地整合资源,能够将他所辖区域市场的经销商、经销商的销售员、经销商的终端网点客户通过培训与指导的方式提高其经营水平和经营能力,使其都像自己一样优秀。销售员教经销商、经销商的销售员、终端网点客户什么呢?一是产品知识,教会他们产品的工艺过程、主要配方、主要卖点、与竞品的区别、特性与功能、使用方法等。二是经营方法,教会他们如何做市场规划、如何开发下线客户、如何管理下线客户、如何与下线客户建立良好的客情关系、如何处理下线客户的异议与投诉等。三是指导经营,不断发现经销商及经销商的销售员在实际操作过程中存在的问题,如铺货不到位、区域市场开发缓慢、有效销售时间效率低

第三章 成功销售的关键

下等,向其提出改善建议与意见,从而提高销售执行力。

(6)"做"是销售员应该具备很强的执行能力。

很多销售主管也许都有这样的经历:下属销售员月初拍着胸脯向你保证,这个月一定能完成什么样的销售目标,同时也有达成销售目标的一系列策略与措施,但每到月底销售计划总是落空。为什么会出现这种偏差呢?销售员执行力不高。很多销售员月初、月中一般都无所事事,到了月底就像热锅上的蚂蚁,不断地催促经销商报计划、回款。一个经销商的分销能力不是完全由经销商说了算,是要看他有多少终端网点,这些终端网点又有多少是有效的、可控的。而这一切,都需要销售员日复一日年复一年地扎扎实实地沉到底才能了解到位。所以,销售员必须具备很强的执行能力。销售员如何提高自己的执行能力呢?一是销售员应该有清晰的目标,包括年度销售目标、月度销售目标、每天的销售目标。二是销售员应该养成做计划的习惯,特别是日工作计划,当天晚上就确定好第二天的销售计划,计划好什么时候、花多长时间、到哪里去拜访什么客户、与客户达成什么共识等。三是销售员应该养成检讨的习惯,每天回到住所,对当天的销售计划完成情况、销售成功点和失败点、存在的问题与需要厂家支持事项等进行简单回顾

与总结，并将其写在销售日记上。四是销售员要加强业务的培训与学习，提高自己的销售技能，包括客户谈判技能、沟通技能、时间管理技能等。

2. 销量与拜访量成正比

尽管在我们的销售工作中，我们强调不要试图拜访所有的客户。但我们还是必须记住销量与拜访量成正比，这尽管听起来矛盾，但我们还是认为每一个销售员都想销售更多的产品。其实，最根本且永不过时的方法，就是使你的销量和拜访量永远成正比。但是，在我们拜访客户前，必须通过客户的背景来分析客户购买你的产品有多大可能性。根据客户生意的大小、使用类似产品的经验以及当前使用竞争性产品的情况来对客户进行分类。换言之，如果说销售技巧的掌握有时比较困难，自己不好控制，那么拜访客户的数量完全可以由自己来决定。作为销售员，必须牢牢记住，优秀的销售人员都擅长在安排见面之前，通过电话对客户的购买可能性进行分析。对客户进行背景分析，这样会给销售人员投入的销售时间带来显著的利润增长。

第三章　成功销售的关键

销售人员的工作内容

销售人员的工作内容是非常丰富的，包括了解市场信息，还包括寻找客户、发运货、处理纠纷、签订合同等，而且除了一般销售技能外，销售人员还要具有本行业内的基本知识和素质。比如在专业知识方面，现在对销售人员的要求并非往日的"能言善辩"就行，以汽车销售人员为例，作为新车销售应具备汽车经营人员从业资格、旧车交易具备汽车经纪资格，但是在各个汽车销售行业拥有职业资格的人却非常少。所以，一个专业的销售员主要有以下三项工作：

1. 寻找潜在客户

销售员要做的第一项工作就是寻找潜在客户。通过报刊、

杂志、广告、互联网、亲朋好友等多种途径去了解哪些客户有可能会购买你的产品,哪些客户有可能会成为大客户。这是销售员非常重要的工作,特别是对于新的销售员来说,更需要多花时间来做这部分的工作。

那么,我们的潜在客户究竟在哪里呢?

现在告诉大家一个术语FINDS:

F:FAMILY(家庭)

I:INFLUENCE(影响力中心)

N:NEIGHBORHOOD(居住环境)

D:DIRECTLY(其他媒介)

S:SOCIETY(社团)

这几个英文单词的第一个字母,合在一起就是FINDS(寻找)。

客户开发有所谓的缘故法、介绍法和陌生法。缘故法就是自己的熟悉人。

缘故法的好处是因为都是熟悉的人,比较容易接近,也比较容易成功,但是缺点是得失心比较重。在中国这样的社会,向熟人推销还是一件比较丢面子的事情,但是销售人员应该明确,我们的产品是为他带来益处的,是为他解决问题而来的,

第三章　成功销售的关键

而不是"杀熟"。当你热爱自己的产品,完全消化自己产品的购买点的时候,这点顾忌就会烟消云散了。

介绍法是利用他人的影响力,或者是延续现有的客户,建立口碑效应。销售行业中有句名言"每个客户的背后,都隐藏着49个客户"。

陌生法将会使你的市场变得无限大——任何人都是你的客户。但是,陌生法只能是以量取质的。没有被拒绝够以前,你就不会是一个优秀的销售人员。真正的顶尖销售高手,都来自于这种陌生拜访的不断地被拒绝又不断地再去拜访!

2. 拜访客户

拜访客户是每个销售员都要经历的过程,尽管每个销售人员都明白拜访客户的要达到自己的目标,并为达到目标准备一些拜访拜访工具,但是,他们还是失败了,这是为什么呢?因为他们还不明白拜访的具体过程和拜访客户的过程中所要用到的各种技巧。在这里,为了让大家能够有所掌握这方面的知识,给大家介绍一下销售拜访的基本结构:

寻找客户——访前准备——接触阶段——探询阶段——提问阶段倾听推介——与客户保持良好的关系——克服异议——确定达成——致谢告辞。

下面，我们就沿着这个基本结构进行一一讲解。

第一步——寻找客户。

第二步——访前准备。

与顾客第一次面对面的沟通，有效的拜访顾客，是销售迈向成功的第一步。只有在充分的准备下顾客拜访才能取得成功。评定营销员成败的关键是看其每个月开发出来多少个有效新顾客，销售业绩得到了多少提升。那么，如何成功进行上门拜访呢？我们知道"只要肯干活儿，就能卖出去"的观念已经过时了！取而代之的是"周详计划，省时省力！"拜访时的参与者只有顾客，要想取得进步首先要以挑剔的眼光看待自己的努力，然后决定做什么。

1.良好的形象

上门拜访顾客，尤其是第一次上门拜访顾客，难免相互存在一点儿戒心，不容易放松心情，因此营销人员要特别重视我们留给别人的第一印象，良好的形象可以在成功之路上助你一臂之力。

（1）外部形象：服装、仪容、言谈举止乃至表情动作上都力求自然，就可以保持良好的形象。

（2）控制情绪：不良的情绪是影响成功的大敌，我们要

第三章 成功销售的关键

学会遥控自己的情绪。

（3）投缘关系：清除顾客心理障碍，建立投缘关系就建立了一座可以和顾客沟通的桥梁。

（4）诚恳态度："知之为知之，不知为不知"是做人的基本道理。

（5）自信心理：信心来自于信任，只有做到"相信公司、相信产品、相信自己"才可以树立强大的自信心理。

2.接触是促成交易的重要一步

对于销售来说，家访接触是奠定成功的基石。营销人员在拜访顾客之前，就要为成功奠定良好的基础。

3.计划准备

计划目的是由于我们的销售模式是具有连续性的，所以上门拜访的目的是推销自己和企业文化，而不是产品。而我们的营销人员的首要任务就是把自己"陌生之客"的立场短时间转化成"好友立场"。脑海中要清楚与顾客电话沟通时情形，对顾客性格作出初步分析，选好沟通切入点，计划推销产品的数量，最好打电话、送函、沟通一条龙服务。而在此过程中你就需要计划路线，只有按优秀的计划路线来进行拜访，制订访问计划吧！今天的顾客既是昨天顾客拜访的延续，又是明天顾客

拜访的起点。销售人员要做好路线规则，统一安排好工作，合理利用时间，提高拜访效率。当然最后你还要计划开场白，因为这关系到如何进门是我们遇到的最大难题，好的开始是成功的一半，同时可以掌握75%的先机。

4.外部准备

这个阶段需要注意的有：

（1）仪表准备："人不可貌相"是用来告诫人的话，而"第一印象的好坏90%取决于仪表"，上门拜访要成功，就要选择与个性相适应的服装，以体现专业形象。通过良好的个人形象向顾客展示品牌形象和企业形象。最好成绩是穿公司统一服装，让顾客觉得公司很正规，企业文化良好。

仪容仪表小知识：

男士上身穿公司统一上装，戴公司统一领带，下身穿深色西裤，黑色平底皮鞋，避免留长发、染色等发型问题，不用佩戴任何饰品。

女士上身穿公司统一上装，戴公司统一领带，下身穿深色西裤或裙子，黑色皮鞋，避免散发、染发等发型，不佩戴任何饰品。

（2）资料准备："知己知彼，百战不殆！"要努力收集

第三章　成功销售的关键

到顾客资料,要尽可能了解顾客的情况,并把所得到的信息加以整理,装入脑中,当作资料。你可以向别人请教,也可以参考有关资料。作为营销员,不仅仅要获得潜在顾客的基本情况,例如对方的性格、教育背景、生活水准、兴趣爱好、社交范围、习惯嗜好等以及和他要好的朋友的姓名等,还要了解对方目前得意或苦恼的事情,如乔迁新居、结婚、喜得贵子、子女考大学,或者工作紧张、经济紧张、充满压力、失眠、身体欠佳等。总之,了解得越多,就越容易确定一种最佳的方式来与顾客谈话。还要努力掌握活动资料、公司资料、同行业资料。

(3) 工具准备:"工欲善其事,必先利其器",一位优秀的营销人员除了具备锲而不舍精神外,一套完整的销售工具是绝对不可缺少的战斗武器。台湾企业界流传的一句话是"推销工具犹如侠士之剑",凡是能促进销售的资料,销售人员都要带上。调查表明,销售人员在拜访顾客时,利用销售工具,可以降低50%的劳动成本,提高10%的成功率,提高100%的销售质量!销售工具包括产品说明书、企业宣传资料、名片、计算器、笔记本、钢笔、价格表、宣传品等。

(4) 时间准备:如提前与顾客预约好时间应准时到达,

到的过早会给顾客增加一定的压力,到的过晚会给顾客传达"我不尊重你"的信息,同时也会让顾客产生不信任感,最好是提前57分钟到达,做好进门前准备。

5.内部准备

(1)信心准备:事实证明,营销人员的心理素质是决定成功与否的重要原因,突出自己最优越个性,让自己人见人爱,还要保持积极乐观的心态。

(2)知识准备:上门拜访是销售活动前的热身活动,这个阶段最重要的是要制造机会,制造机会的方法就是提出对方关心的话题。

(3)拒绝准备:大部分顾客是友善的,换个角度去想,通常在接触陌生人的初期,每个人都会产生本能的抗拒和保护自己的方法,找一个借口来推却你罢了,并不是真正讨厌你。

(4)微笑准备:管理方面讲究人性化管理,如果你希望别人怎样对待你,你首先就要怎样对待别人。

许多人总是羡慕那些成功者,认为他们总是太幸运,而自己总是不幸。事实证明——好运气是有的,但好运气问题偏爱诚实,且富有激情的人!

家访的十分钟法则:

第三章　成功销售的关键

开始十分钟：我们与从未见过面的顾客之间是没有沟通过的，但"见面三分情"！因此开始的十分钟很关键。这十分钟主要是以消除陌生感而进行的一种沟通。

重点十分钟：熟悉了解顾客需求后自然过渡到谈话重点，为了避免顾客戒心，千万不要画蛇添足超过十分钟。这十分钟主要是以情感沟通了解顾客是否是我们的目标顾客。

离开十分钟：为了避免顾客反复导致家访失败，我们最好在重点交谈后十分钟内离开顾客家。给顾客留下悬念，使其对活动产生兴趣。

第三步——接触阶段。

（1）善书者不择笔，善炊者不择米。会怪工具不好或商品不好的营销人员通常只有三脚猫的功夫，不会有太大成就。

（2）敲门：进门之前就先按门铃或敲门，然后站立门口等候。敲门以三下为宜，声音有节奏但不要过重。

（3）话术："××叔叔在家吗？""我是××公司的小×！"主动、热情、亲切的话语是顺利打开顾客家门的金钥匙。

（4）态度：进门之前一定要让显示自己态度——诚实大方！同时避免傲慢、慌乱、卑屈、冷漠、随便等不良态度。

（5）细节：严谨的生活作风能代表公司与个人的整体水准，千万不要让换鞋、雨伞等小细节影响大事情。

第四步——探询阶段。

探询过程中会遇到形形色色的顾客群，每一个顾客的认知观和受教育程度是不同的，但有一件事要强调："没有不接受产品和服务的顾客。"只有不接受推销产品和服务的营销人员的顾客，顾客都是有需求的，只是选择哪一种品牌的产品或服务的区别而已！

1.观察客户的家

（1）如果这位顾客家装饰精美，房屋面积很大，家里很干净，还有一个保姆等，可以确定这位顾客是一个有钱的人，营销人员可以充分地与其沟通。

（2）如果这位顾客家装饰普通，房屋又小，地面又不干净，几个子女与其住在一起，充分可以说明这位顾客并不是一个有钱人，营销员可以适当围绕重点沟通。

（3）如果这位顾客房屋装饰是一种以古代文化装饰的，可以说明这位顾客是一个很有修养的人，素质较高，文化底蕴丰富，营销员可以与其充分的沟通。

（4）你站在一户人家门前的时候就会对这户人家有种自

己家的感觉,这种感觉被称为"家庭的味道",这种味道不是用嘴来品尝的,而是用眼睛来观察的!通过我们的观察可以了解顾客的身份、地位、爱好等,从而确信是否是目标顾客。

2.观察六要素

门前的清扫程度、进门处鞋子排放情况、家具摆放有装修状况、家庭成员及气氛明朗程度、宠物、花、鸟、书画等爱好状况、屋中杂物摆放状况。

3.赞美

赞美是一个非常好的沟通方式,但不要夸张地赞美,夸张的赞美只能给人留下不好的印象。不要说:"叔叔您真帅,就像周杰伦一样。"

第五步——提问阶段。

营销人员是靠嘴巴来赚钱的,凡是优秀的销售人员都拥有一副伶牙俐齿,但"顾客不开口,神仙难下手"。我们的目的是让顾客来主动讲话和我们进行有效沟通,因此有效的提问就尤为重要啦!

1. 提问的目的

通过我们的沟通了解我们的顾客是不是我们所要寻找的目标顾客。

2. 提问注意事项

（1）确实掌握谈话目的，熟悉自己谈话内容，交涉时才有信心。

（2）预测与对方留下良好的第一印象，即努力准备见面最初15~45秒的开场白提问。

3. 寻找话题的七种技巧

（1）仪表、服装："阿姨这件衣服料子真好，您是在哪里买的？"顾客回答："在国贸买的。"营销员就要立刻有反应，顾客在这个地方买衣服，一定是有钱的人。

（2）乡土、老家："听您口音是湖北人吧！我也是……"营销员不断以这种提问接近关系。

（3）气候、季节："这几天热得出奇，去年……"

（4）家庭、子女："我听说您家女儿是……"营销员了解顾客家庭情况是否良好。

（5）饮食、习惯："我发现一家口味不错的餐厅，下次咱们一起尝一尝。"

（6）住宅、摆设、邻居："我觉得这里布置得特别有品位，您是搞这个专业的吗？"了解顾客以前的工作性质，并能确定是不是目标顾客。

第三章　成功销售的关键

（7）兴趣、爱好："您的歌唱得这样好，真想和您学一学。"营销员可以用这种提问技巧推销公司的企业文化，加深顾客对企业的信任，"我们公司最近正在办一个老年大学，其中有唱歌这门课，不知阿姨有没有兴趣参加呢？"

4. 家访提问必胜绝招

（1）先让自己喜欢对方再提问，向对方表示亲密，尊敬对方。

（2）尽可能以对方立场来提问，谈话时注意对方的眼睛。

（3）特定性问题可以展现你专业身份，由小及大，由易及难多问一些引导性问题。

（4）问二选一的问题，帮助犹豫的顾客决定。

（5）先提问对方已知的问题提高职业价值，再引导性提问对方未知的问题。

（6）"事不关己高高挂起"，我们如果想做成功的推销者就要学会问顾客关心的问题。

第六步——倾听推介。

蛰伏只是为了雄飞，上天赋予我们一张嘴巴、两只眼睛和两只耳朵，就是告诉我们要想成功就要少说话，多听，多看。

（1）仔细地倾听能够进一步了解顾客的基本情况以及消费心理、需求，可以洞查出真正异议的原因。以聊天的方式，寻求与顾客的共鸣点，说话掌握与顾客同频率的原则，让顾客感到一种"错觉"，你与他是同类型人，增进好感，以产生共振的效果,借机多了解顾客的家庭背景及时补进顾客的个性化档案。

（2）把有奖问答的答案讲给顾客听，叮嘱其在会上积极参与、拿奖，对典型顾客可以事前确定一些题目，届时安排其在会上回答并巧妙引出发言。告知对方，机会难得突出其荣誉感，暗示其带现金来参会。

（3）耐心、详细地为每一个顾客介绍一些公司情况、产品机理、现场优惠政策，选择合适的切入点投其所好，要反映灵活，保持声音甜美，抓住内容的精髓引导顾客的购买欲望。

（4）对迟疑的新顾客，不可过分强调产品，应以促进其对健康知识的了解为侧重点。

（5）对一些仍未下决心的顾客，千万不可勉强，此说明火候未到，可以先冷却一会儿，然后沟通或当作一般顾客回访以便下次再邀请。

第七步——克服异议

（1）克服心理上的异议：现代人必须学会如何面对心理

上的异议，使心里有所准备，了解心理上异议存在的根源所在。

（2）化异议为动力：顶尖销售人员明白顾客的拒绝是应该的反应，并不是不接受产品和服务，而是有短暂的犹豫。

（3）不要让顾客说出异议：善于利用顾客的感情，控制交谈气氛，顾客就会随着你的所想，不要让拒绝说出口。

（4）转换话题：遇到异议时避免一味地穷追不舍，以至于让顾客厌烦，可用转换话题方式暂时避开紧张气氛。

（5）运用适当肢体语言：不经意碰触顾客也会吸引顾客的注意，同时也会起到催眠的作用，可以很好地克服异议。

（6）逐一击破：顾客为两人以上团体时，你可以用各个击破的方法来克服异议。

（7）同一立场：和顾客站在同一立场上，千万不可以和顾客辩驳否则你无论输赢，都会使交易失败。

（8）树立专家形象：学生对教师很少有质疑，病人对医生很少有质疑，顾客是不会拒绝产品专家的。

第八步——确定达成。

为什么销售同样产品的业务员，业绩却有天壤之别？为什么排名前20名的营销人员总能完成公司80%的销售额？答案很

简单：他们用了百战百胜的成交技巧，但达成是最终目标，不是最后一步骤。

1. 抓住成交时机

有时通过举止、言谈可以表露出顾客的成交信号，抓住这些信号就抓住了成交的契机。

2. 成交达成方式

（1）邀请式成交："您为什么不试试呢？"

（2）选择式成交："您决定一个人去，还是老两口一起去呢？"

（3）二级式成交："您感觉这种活动是不是很有意思？""那您就和老伴一起来吧！"

（4）预测式成交："肯定和您的感觉一样！"

（5）授权式成交："好！我现在就给您填上两个名字！"

（6）紧逼式成交："您的糖尿病都这样严重了，还不去会场咨询！"

第九步——致谢告辞

你会感谢顾客吗？对于我们营销人员来说，"我们每个人都要怀有感恩的心"！世界上只有顾客最重要，没有顾客你什

第三章　成功销售的关键

么也没有了！有再好的销售技巧也没有用。

（1）时间：初次家访时间不宜过长，一般控制在20~30分钟之内。

（2）观察：根据当时情况细心观察，如发现顾客有频繁看表、经常喝水等动作时应及时致谢告辞。

（3）言简意赅：古语有画蛇添足之说，就是提醒我们在说清楚事情之后，不要再进行过多修饰。

（4）真诚：虚假的东西不会长久，做个真诚的人！用真诚的赞美让顾客永远记住你！

第十步——与客户保持良好的关系

研究数据表明，大多数客户关系没有因为冲突而断送，却因怠慢而终结。疏忽大意往往比纠纷更具危险性，漠不关心有时比失误更可能让你损失惨重。良好的客户关系是需要维护的，要让客户感受到你的情义。

客户销售是渠道管理中的经典课题，如何维持和发展与客户的关系呢？简单地说，销售人员只需做好一件事：花80%的时间和精力去研究如何满足20%客户的需求，这种满足客户需求的方法应该是独一无二的，应该是难以被对手模仿和超越的。

先看一个对手难以模仿的案例：

2009年8月，浙江台州发生了一场50年未遇的台风。我们一个大客户的仓库正好位于海堤内40米处，由于位置特殊连保险公司也拒绝接受投保。在台风紧急警报发布后，该经销商还存有侥幸心理，以为台风未必在当地登陆，我们的客户经理过去曾经一再对其告诫必须改变仓库位置并参加保险，该经销商一直未有动作。但这次情况非同小可，我们的客户经理特地赶往台州，再次规劝他马上把货物转移至安全的地方，这次他终于听了劝告。随后发生的台风和伴随的海啸在当地历史上是少有的，在同一仓库放货的另一客户遭受了灭顶之灾，价值100多万元的水泥竟全部冲入了大海，顷刻倾家荡产。事后这个经销商非常后怕，同时也对我们的客户经理非常感激，庆幸接受厂家的意见，虽然当时花1万元多的仓储和搬运费，但保住了价值60多万元的货物。后来他对我们客户经理说："其实厂家完全可以不予关心，因为这完全是经销商买断的货，无论损失与否都与厂家无关，但你们是把我真正当成家里人来看待了，今后我还有什么理由不好好与厂家合作"。

　　再看一个对手难以超越的案例：

　　周老板是我们公司在西安的一个很有潜力的客户，其连锁

第三章　成功销售的关键

式仓储大卖场在省内经营得有声有色，十分成功，是公认行业内的头面人物，还有意进入当地政界发展。2008年9月，连锁式仓储大卖场开业三周年庆，周老板盛情邀请了当地党政领导、商界朋友和厂家供应商前来参加庆祝，也邀请了我们公司派代表参加。周老板是个十分爱面子的人，他私底下知道，我公司的亚太地区总裁恰好在中国广州公干，所以与客户经理商量是否请其来参加庆典活动。因为高鼻子蓝眼睛的老外在当地本不多见，再加上当地政府正大力开展招商引资运动，有个世界500强的老外的到来，不管是什么目的，对周老板都是一件很风光的事情，也许还会对其的政治仕途有影响也说不准。当时客户经理很为难，因为这完全在总裁的中国之行的计划之外，而且还是他上司的上司的上司，不过客户经理最终还是幸运地请到了亚太地区总裁来参加周老板的庆典大会，还发表了热情洋溢地讲话。当地各大报纸争相采访和报道，周老板不但在当地政府官员和各位来宾前很有面子，报纸还免费为其公司做了广告。事后周老板十分高兴地对我们的客户经理说："你们公司如此给我面子，这可比多给我5个回扣点还要好呢。"

第四章

销售的谈判法则

第四章　销售的谈判法则

如何做好销售谈判的准备工作

　　一次销售谈判大致划分为三个阶段：计划与准备阶段、面谈阶段、后续收尾阶段。

　　虽然讲到谈判，大多数人总联想到面谈，但计划与准备阶段是这三个阶段最关键的，至少一个典型的谈判其结果如何，有50%就在你和客户见面之前就已经决定了。

　　计划与准备阶段如此之重要，而大多数销售人员进行谈判时仍是仓促上阵，未能做充分的准备，使得谈判结果不能尽如人意。因此，在每一次销售谈判之前做好充分的计划与准备，是我们取得良好谈判结果的基石。

销售谈判的计划与准备阶段涉及以下几项内容:

1.确定谈判目标

(1)知道自己需要什么:如果没有事先考虑好自己应该从谈判中得到什么就开始进行谈判,那么谈判结束后:①你可能会带着很多"礼物"离开;②你可能会放弃有价值的项目代之以得到无价值的东西而告终。因此谈判结束时,对自己需要得到什么应该有一个明确的设想。

(2)知道自己为什么需要它。对你而言,得到的结果对你有什么用。弄清楚你想得到的东西的原因是什么,可能会有助于你达到你隐蔽的目的。即使这些原因你未曾有意识的去考虑。

(3)如果没有实现自己的目标,将会发生什么事情。如果没有得到自己想要的结果,可能发生的最坏的事情是什么?自己如果能够接受,或者说当你明白会发生什么时,或许你能找到解决问题的其他方法。

(4)知道自己首要考虑的事。将自己在谈判当中想要得到的全部目标分解成若干组成部分,考虑一下:①哪一部分首先考虑;②哪一部分其次考虑;③哪一部分最后才考虑。

(5)自己不能接受的是什么。在谈判中,也许有些条件是自己无论如何也不能接受的。如果谈判将迫使你要超越出这些原

第四章 销售的谈判法则

则性的限度，也许你就不值得再花时间和精力继续谈下去了。

（6）知道自己的谈判界线。在谈判中，你能做的最有价值的事情之一就是弄清自己在谈判中的界线。这样你就可以知道：① 谈到什么时候你应终止谈判；②什么时候可以说"是"，什么时候可以说"不"；③什么时候态度必须强硬；④什么时候，可以离开谈判桌结束谈判。也就是说，如果到了这个界线，你可以考虑自己应该去做什么了。

（7）为自己设定谈判的顶线目标、现实目标、底线目标。当你知道自己想要什么，不想要什么，什么对自己最重要时，你就可以开始为自己拟定谈判中的顶线目标、现实目标、底线目标。这些目标是你将希望达到的结果和拥有的活动范围具体化的一个方面。

①顶线目标：是获得你真正想要的一切。在一个理想的状态下，你有可能实现它。

②现实目标：是实际上你希望得到的结果，不同的谈判对象，其结果可能不同。

③底线目标：是你的底线。当谈判达到这条界线时，你应该终止谈判，离开谈判桌。

（8）自己能做出什么让步。谈判就是充满讨价还价、妥

协、让步。为了得到自己所想要的结果，就要做出一些让步。所以应考虑你准备做出什么让步来实现自己所希望的谈判结果，这时应该弄清以下三个问题：

①我必须拥有什么？什么东西我不准备作出任何让步？

②什么对我来说不重要？

③我有什么必须拿去作为交换条件而准备放弃的呢？

2.认真考虑对方的需要

谈判的准备工作不能仅仅考虑自己的要求和需要，同时也要考虑谈判的对方可能需要什么。这时需要你做换位思考，站在对方的位置上来考虑问题。如果你是对方，在谈判中你需要什么；你为什么需要它；你需要得到这个结果背后的原因可能是什么；什么问题对你来说最重要；你首要考虑的是什么；什么问题你不能作出丝毫让步；对你来说最糟糕的结果可能是什么；你的顶线、现实、底线目标是什么；你准备拿来交换的是什么；你可能会失去什么；你为了支持你的立场可能会提出哪些问题；你是否有足够的事实数据或信息来支持你的立场与观点。

虽然你不能准确地回答上述问题，但经过仔细考虑和推测这些问题，你就能更好的把握谈判的进程与方向。

3.评估相对实力和弱点

你可能做出的让步和你能够交换的项目取决于你在谈判中的实力和弱点。实力是指可以对对方的行动施加的支配力或影响力，其形式为：

（1）决策权威：你拥有作出正式决策的权利吗？

（2）专家权：对讨论的问题你具有丰富的知识吗？

（3）对讨论的问题你是否有充裕的时间？

（4）你的决心与毅力。

（5）你是否做有充分的准备？

（6）你是否具有丰富的谈判经验？

（7）你是否拥有内部消息？

（8）你是否认识某个能影响谈判结果的人？

（9）你拥有使用某些制裁或施压的权利吗？

在评价你的实力和弱点时应注意：

（1）只有双方都认识它的存在，并对它的使用程度持有相同看法时，支配力才发生作用。

（2）如果你比对方强大，而且双方都知道，那么你在谈判中利用一下这种优势，就会使对方意识到不对你的建议做出让步的后果。

（3）如果你比对方强大，对方不知道，那么你的支配力就不能发挥作用；如果你有弱点对方不知道，那么你就比你想象的强大。

（4）熟练的谈判者善于使用其支配力来影响和说服对方，而不是利用这种支配力来打败对方。

（5）经验丰富的谈判者在充分利用对方弱点之前，会深思再三，意识到一起合作的必要性，会使对方都增加谈判信心。

（6）谈判技巧不能代替谈判实力。谈判技巧只能带来一时的优势。

4.制订谈判策略

制订好你的全部战略是谈判准备工作的重要组成部分，其重点如下：

（1）第一次会面时，我们应当提哪些问题？

（2）对方可能会提哪些问题？我们应如何回答这些问题？

（3）我们是否有足够的事实数据和信息来支持我方的立场？如果没有，应增加哪些信息？

（4）我们应当采取什么样的谈判风格？

（5）选择谈判地点、时间。

第四章　销售的谈判法则

（6）如何开局？

（7）以前的谈判可能对这次谈判产生怎样的影响？

（8）谈判所在地的习惯、风俗可能和怎样影响彼此？

5.团体间谈判还应做哪些准备

（1）由谁来主谈？

（2）由谁来确认理解程度？

（3）由谁来提问？提什么样的问题？

（4）由谁来回答对方的问题？

（5）由谁来缓和紧张气氛，表示对他人的关心？

如何打破销售谈判僵局

销售员在与客户谈判的过程后,最常见的就是僵局。谈判的双方都会有自己的底限和上限,只有在重合的部分,才可能达到一致。在不断让步中又并存着拒绝,拒绝对方的要求,提出自己的建议。不断地出现抗拒和僵局是正常的。对此,职业的销售谈判人员,在智商、情商上对此应该做好准备。在这里,给大家介绍大客户谈判的五大招数。

1.拨雾见月,去伪存真,发现客户的真实需求

张其金老师从事的工作主要是为那些世界500强大企业和国内的知名企业进行品牌策划和为企业写作自传史,这是一件

第四章　销售的谈判法则

非常难做的工作,在张其金看来,他认为他的首要任务是:找到成交可能性最大的潜在客户,然后与公关部或者企划部进行联系。在这一过程中,有的企业在进行洽谈时,往往抛出一些"障眼法"式的利益诱惑,从而转移该朋友的谈判能力。但是,张其金老师没有被其所诱惑,而是通过多种信息渠道,了解到各大企业的真实需求是什么,从而及时抓住谈判的重点,锁定目标,达成交易。张其金的做法给了我们什么样的启示呢?其实在这个过程中,这位朋友注意到广泛的信息渠道是关键,正式场合与非正式场合的沟通都非常重要。事实上,一条非常重要的信息来自于与我们与该企业老板司机的一次闲聊。这次看似无益的闲聊让我们了解到,哪些需求是该公司已经内定的,哪些需求是该公司根本不需要或者暂时没有能力执行的。

2.利用相对优势,打击竞争对手

我们来看张其金老师与这些企业合作的事态发展。一次,张其金同时谈了三家企业,一家是微软公司,另有两家是国内的软件企业,即从事应用软件开发的东软集团和从事财务软件开发的用友软件集团。并且这三家公司的特点都兼有本土公司的人脉优势与跨国公司的技术优势,非常难以对付。但张其金

的优势也非常明显，就是系统地整合优势。当时恰逢微软公司要进行一项"微软在中国"的推广工作，而且对于这项产品推广都是国内的一些知名企业也参加了，比如奥美、电通等，但张其金没有被吓倒，他却利用他手里掌握的资料，再利用东软与用友加以说明，结果他赢得了订单。这件事不仅为张其金赢得非常珍贵的信任票，也使奥美、电通等公司夺标无望。

3.寻找关系突破口，动之以情，诱之以利

虽然奥美、电通出局了，但微软公司在后来的项目开展中同样不好对付，而且听说该项目主管曾经是中国区总裁的同学。经多方打听，张其金了解到，这位项目主管的妻子曾经是我们公司一位营销经理的同事，而且她还欠这位经理一个"人情"。在竞争的白热化关头，人情因素成为重中之重，张其金立即打电话给我让我允许这位员工作为他的项目负责人，并开展一系列的企业公关活动。

刚好项目主管的小孩生病住院，该项目经理偕同妻子专程到医院探望，两位年龄相仿的母亲一见如故，在子女教育方面有聊不完的话，相互之间都成了自己。事后项目主管回忆说，"你们公司是在真诚地关心人，冲着你们的这份真诚，也要交

第四章　销售的谈判法则

你们这个朋友。"

可见，在这个谈判过程中，企业一定要以真诚的关怀去感动人，情感为主，利益为辅，绝不可颠倒了主次。

4.拒绝小利，坚持立场，保持方向的正确

几个回合之后，张其金带领他的团队真正地与微软公司开展了合作。但好事多磨，一家已经出局的公司是微软的长期生意伙伴，与微软的高层有着千丝万缕的关系，即使出局也在对张其金产生影响。

有一天，微软公司一位副总通知张其金，鉴于他在项目中的表现出色，要把一百多万元的系列产品推广交给他来做，而对张其金来讲，产品推广项目他希望要缓一缓。后来经过多次探讨，他当即表示放弃这个项目，专注做自己最擅长的公司形象推广工作，同时加紧敦促对方确认订单。当时有些朋友表示不解，产品推广也是一块肥肉，为什么要放弃呢？张其金说："我们的态度是：首先，产品推广不是我的强项，会分散我的精力，失败的风险也较大。其次，产品推广可能给竞争对手制造口实，从而让他们卷土重来，甚至抢走本次赢得的重点项目。在这个过程中，不为小利而迷惑，坚持既定的路线方针，

是销售成败的关键。"

5. 自查自纠,弥补漏洞,一举夺标

经过张其金的坚持,他开始了在微软的工作,但在他审查报价单时,却发现他将一些非关键的配套费用的价格报得过高,对方发话,要求砍下总价的30%。张其金马上进行调查,发现部分配套费用价格过高是由于以前对一些关键环节不了解,他作出致谦后立即调低相关费用,并承诺对方可以对配套项目进行监审,最终在仅调价十余万元的基础上,拿下了这笔总值超过120余万元的订单。因此,在最后的冲关阶段,企业一定要关注细节,及时自我调整,发现问题立即解决,最终保证圆满签单。

所以,作为销售人员,面对的是如此老练的职业买手,在各方面要做好准备,尽可能做到寸土不失。无论对方的要求多么苛刻,压力多么大,但只要遵守谈判的基本原则,那么就可以很好地维护我们自己的利益。

谈判四项法则:

(1)人。把人和问题分开。我们永远只可以反对对方的不合理的要求,不可以反对对方本人,只可以对事不可以针对人。

（2）利益。重点放在利益，而不是立场。

（3）提议。提出互利互惠的解决方案。谈判的最高境界是双赢。只有对方的目标达到了，自己的目标才有可能达到。

（4）标准。坚持最后结果要根据客观标准。僵局就是因为双方各自的标准而互不相让而造成的。很重要的一点，所坚持的标准是否客观的，是否对方可以接受的。坚持是否就以为着胜利呢？如果你的标准是不客观的，对方难以接受的，那么难以接受的，那么会导致谈判的破裂，目标也就无法实现，对双方而言都是损失和失败。

绕过障碍，与拍板人接触

多数情况下，我们不可能拿起电话就会找到拍板人，手头上也没有所需的资料，只有越过对方单位的职员、秘书、办公室主任等接线人的重重关卡，才会获得与拍板人接触的机会。

为什么说是重重障碍呢？因为一些公司和单位，在经历了各色推销电话的狂轰滥炸后，产生习惯性反感和过敏的条件反射。只要听出是推销电话，他们会本能拒绝，或推脱或敷衍，或立即挂掉。甚至有些公司，则采取专门措施，培训专职接线员，对电话进行过滤。

缺乏经验、技巧的业务员，在这样的情势下，拿起电话就

第四章　销售的谈判法则

注定面对着满是障碍的开始。结果是为了找到拍板人，却连门也摸不到。下面是我列举的绕过障碍的十个技巧：

（1）以礼貌赢得接线人；

（2）把程序化的语句整理成令人感兴趣的话等；

（3）使用专业词汇，打造第一印象；

（4）利用暧昧资讯，防止泄露业务底牌；

（5）臆造特征事件得到拍板人的姓名；

（6）当总机说"不……"时，不妨转向其他部门；

（7）利用既成事实，解除接线人的戒心；

（8）提供便利回答，引导接线人说"行"；

（9）适时沉默，以凭借气势突破防线；

（10）以礼貌赢得接线人的接纳。

"喂？"

"我是中加电子技术有限公司的，我公司有一种微电脑数位控制的全稳压不停电220伏交流电源系统，是专为网站系统和精密电子仪器用户设计的。请问你们是'成达电子'公司吗？我找一下你们老总。"

"打错了。"

"错了！？"

"嘟——嘟——嘟"（接线人已经挂掉电话。）

这是令人困惑的结果，原因在哪里呢？这就是我们要说的问题——打招呼。在这个例子里，业务人员一开口就是冗长的句式，没有起码的招呼、寒暄，术语太多，令对方摸不着头脑，不知所云。只顾自己说得痛快，不顾接线人的反应。这样不仅导致接线人对你的第一印象不佳，还会给人一种骚扰电话的感觉。大大咧咧的，上来就找老总，更会令接线人反感。

"喂？"

"喂，您好，我是海洋公司的，请问我可以找贵公司的负责人谈谈吗？"

"你要哪儿？"

"我要海陆风公司。"

"找谁？"

"找你们负责培训的主管。"

"不在。"

"请问……"

"嘟嘟嘟——"

一般来说，这样打电话的开场白也很普遍，但在电话里，

第四章 销售的谈判法则

却是很老套的,而且还用了"请问我可以找贵公司负责人谈谈吗?"——专业上忌讳的暗含否定意味的提问方式,让人一听就知道是贸然打来的推销电话。

程式化的、缺乏专业水准的语言方式,是业务人员难以克服的通病。接线人一听到这样的开场白,就会不青红皂白地一律挂断电话。

换个方式说,效果要好得多:

提供便利的回答方式,引导接线人说"行"。

在绕障碍的时候,有些业务人员不知道如何诱导接线人。

比如:"请问销售科的电话您知道不知道?"或者是:"我可不可以找一下你们的经理?"能不能用这样的语气或提问的方式呢?不可以。实践告诉我们,它没有引导性。

我们要养成一个习惯,不要用这种问法。应该说:"您知道销售科的电话吧,我记一下。"引导他默认"是",然后告诉你。

或者说:"麻烦你,请你找一下经理好吗?谢谢你。"引导他默认"好",然后告诉你。

对比下面两句话:

"这个星期再吸收五个会员,行不行?"

"这个星期再吸收5个会员,有没有信心?"

很明显,后一种问法更能诱导出肯定的回答。

所以选择语气时,要学会把你的接线人向一个正确的方向引导。就是说,只有给接线人一个很便利的回答方式,你才能得到你想要的肯定的回答。不要去诱导接线人说"不行""不可以""没有时间"……如果你拿起电话对接线人说:"销售科的电话你可能不知道吧?"

他肯定说:"嗯,不知道。"那你还怎么绕障碍呢?

误导接线人,封杀过多的提问。

谁也不想给别人迟钝、落后或孤陋寡闻的印象,谁都愿意别人当自己上聪明人。所以,如果说接线人不懂、不知道,那就会在引起对方本能的强烈的抗拒。如果说接线人这么聪明难道不知道,难道不懂?对方绝对回接受下来。

"你好,我是企业家报社的编辑,有一些内部消息我们要跟你们的老总核实一下,您知道老总的电话吧,我记一下。"

"你把情况说一下,然后我向老总汇报一下。"

"这个事情难道你不知道吗?您经常在老总身边,应该比别人了解情况嘛。好吧,请你告诉我老总的电话,我亲自和他谈一谈。"

第四章 销售的谈判法则

与其他的技巧不同的是,这里用了一句:"这个事情难道你不知道吗?您经常在老总身边,应该比别人了解情况嘛。"用"你也知道"这种开场白说话,其实是话里的迷药。一般人听后都会提高注意力。这样的开头语,有一种将彼此拉近的力量,它暗示着共识、分享、尊重等善意。但反过来说,这样的开场白往往会误导听众,使人一不小心就把自己不知道的事情也当作自己知道的了。这就是错误前提暗示。

所以,"你也知道"这种开场白,有误导听者思虑,封杀过多提问的功效。

当总机说"不……"时,不妨转向其他部门。

当你在有经验的总机那里不能有所作为的时候,你必须变化办法。

总机不灵,你就把电话打到其他的科室,比如销售科,销售科不灵就找会计科,会计科不灵就转供应科……

一般来说,这些部门不会有总机那样的经验,他们对来电不会过多的筛选,你很容易得到要找的信息。

不可缺少的谈判技巧

人们把谈判定义为:"双方和多方互换商品或服务并试图对他们的对换比率达成协议的过程。"

法官和汽车推销员把他们的大部分时间用于谈判。但是,要知道管理这也是如此。他们需要与新员工协商薪水;与上级领导讨论政策;与同时处理意见分歧;与下属解决冲突矛盾。

谈判有两种基本方法:分配谈判和综合谈判。

1.分配谈判

你在报纸上看到一则旧车出售的广告,那辆车似乎是你一直想要的那种。你去看了车,发现很满意,因而想买下来。

第四章 销售的谈判法则

车主报了卖价，可你不想花那么多钱，于是你们二人对价格开始进行协商。你所参与的这种谈判过程称为分配谈判。其最明显的特点是，在零和条件（有输有赢）下运作。也就是说，我所获得的任何收益恰恰是你所付出的代价；反之亦然。以前面所说的旧车为例，你从卖主讲下来的每一块钱都节省了你的开支。相反，卖主多得的一元钱都来自于你的花费。因此，分配谈判的本质是，对于一份固定利益谁应分得多少进行协商。

在分配谈判中常引用的例子是劳资双方对工资的谈判。一般情况下，工人代表在谈判桌前总是想从资方那里尽可能多地得到钱。由于在谈判中工人每一分钱的增加都提高了资方的开销，因而谈判双方都表现出攻击性，并把对方视为必须击败的敌手。

进行分配谈判是，你的战术主要是试图使对手同意你的具体目标或尽可能接近它。

下面是几个使用这一战术的例子：（1）劝说你的对手达到他的目标点毫无可能性，而在接近你的目标点上达成和解则是明智的；（2）申辩你的目标是公正的，而对手的则不是；（3）试图激发对手感情用事是他觉得应对你慷慨，从而使达成的协议接近于你的目标点。

2.综合谈判

一名妇女运动服装生产厂的销售代表，与一位小型服装零售商谈判好了的一宗15000美元的订货，销售代表按照程序打电话给厂里的信用贷款部门。但他被告知，这名主顾过去曾有拖延付款的记录，因此厂里不赞成他的赊账。第二天，销售代表与厂里的信贷经理一起讨论这个问题。销售代表不想失去这笔买卖，信贷经理也是一样，但他同样不希望被收不回赖的欠款所困扰。双方开诚布公地考察了他们有可能的所有选择。经过细致严谨的讨论，最后认可的解决办法满足了双方的需要：信贷经理同意这笔买卖，但服装上需要提供银行担保，如果60天内不付款可以保证得到赔偿。

销售员与信贷经理之间的谈判就是综合谈判的例子。与分配谈判相比，综合谈判是基于这样的假设解决问题的，即至少有一种处理办法能得到爽的结果。

综合谈判比分配谈判更为可取。为什么？因为前者构建的是长期的关系并推进了将来的共同合作。它将谈判双方团结在一起，并使每个人在离开谈判桌时都感到自己获得了胜利。相反，分配谈判则使一方成为失败者，他倾向于构建憎恨，并使得那些需要不断发展共同合作的人隔离的更远。

第四章 销售的谈判法则

那么，为什么在一组之中我们看不到太多的综合谈判呢？答案在于这种谈判要取得成功必须具备一些条件。这些条件包括：信息的公开和双方的坦诚；各方对另一方需求的敏感性；信任别人的能力；双方维持灵活性的愿望。由于许多组织文化和组织内环境并不是以开放、信任。灵活为特点，因此，谈判常常建立在为了胜利而不惜任何代价的动力基础上也就不足为奇了。

阻碍有效谈判的决策偏见

研究表明，有七种决策偏见阻碍了个体从谈判中获得最大可能的效益。

1.承诺的非理性增加

人们倾向于按照过去所选择的活动程序继续工作，而不是采用理性分析的方式。这种不当的坚持浪费了大量时间、精力和金钱。过去已投入的时间和金钱如同石沉大海，它们不可能再重新获得，并且在对未来的活动进行选择时也不应将他们考虑在内。

2.虚构的固定效益观念

第四章 销售的谈判法则

谈判双方常常以为他们的效益必定来自于另一方的代价。而在综合谈判中我们看到情况并不一定如此，经常可以找到双方应的解决办法。但是，传统的观念（输——赢）则意味着丧失了双方均可能获益的谈判机会。

3.固定给予调整

人们常有一种倾向，即把他们的谈判停留在无关信息上，如最初的报价。事实上，很多因素影响着人们进入谈判时最初所持的看法。这些因素常常是无意义的。有效的谈判者不会使自己受到固定看法的限制，从而使自己的信息量及评估环境的思考深度降低，在谈判中也不会因对手较高的报价给予过多的重视。

4.构建谈判

人们很容易受到信息提供方式的影响。比如，在劳资合同谈判中，假设你的雇员目前每小时可得15美元，工会希望在提高4美元，而你则打算提高成17美元。如果你能成功的把谈判塑造成每小时增加2美元的得益（与当前的工资相比），相比每小时降低2美元的损失（与工会的要求相比），工会对二者的反应会截然不同。

5.信息的可得性

谈判者常常过于依赖已有可得的信息，却忽视了更相关的资料。人们遇到过的事实常常很容易记住，在他们的记忆中这些是更"易于得到的"，另外，越生动的事件也越容易记住或想象到。对于那些由于其熟悉性或生动性而记住的信息，常常可能被理解为是值得信赖的东西，即使它们不具备这样的条件。因此，有效的谈判者要学会区分哪些是他们在情绪和情感上熟悉的信息；哪些是可靠且相关的信息。

6.成功者的苦恼

在很多谈判中，一方（通常是卖方）比另一方拥有更多的信息。但在谈判中人们总是倾向于认为自己的对手很迟钝，对有价值的信息表现出无知。"成功者的苦恼"反映出了谈判之后一方常感到的遗憾。你的对手就很快接受了你的报价，这表明你的报价应该更高。你可以通过尽可能多的获得信息并将自己置身于对方的位置上来减少这种"苦恼"。

7.过于自信

前面的许多偏见可以综合在一起而使一个人对自己的判断与选择过分自信。当人们拥有某种信念和期望时，倾向于忽视与之相矛盾的其他信息，其结果导致了谈判者过于自信。这反过来又减少了这种的可能性。缓和这种倾向有两个办法：一是

第四章　销售的谈判法则

认真细致地考虑合格顾问的建议；二是从中立者那里了解自己可观的位置。

每天都发出爱的信息

每个人的生活都有问题，但乔·吉拉德认为，问题是上帝赐予的礼物，每次出现问题，把它解决后，自己就会变得比以前更强大。

35岁前的乔·吉拉德是个不幸者。他患有相当严重的口吃，换过40个工作仍一事无成。1963年，35岁的乔·吉拉德从事的建筑生意失败，身负巨额债务几乎走投无路。他说，去卖汽车，是为了养家糊口。第一天他就卖了一辆车。掸掉身上的尘土，他咬牙切齿地说：我一定会东山再起。对自己的付出从来没有满意过。

第四章　销售的谈判法则

乔·吉拉德做汽车推销员时，许多人排长队也要见到他，买他的车。《吉尼斯世界纪录大全》在查实他的销售纪录时说：最好别让我们发现你的车是卖给出租汽车公司，而确实是一辆一辆卖出去的。

他们试着随便打电话给人，问他们是谁把车卖给他们，几乎所有人的答案都是"乔"。令人惊异的是，他们脱口而出，就像乔是他们相熟的好友。

"我打赌，如果你从我手中买车，到死也忘不了我，因为你是我的！"

尽管乔·吉拉德一再强调"没有秘密"，但他还是把他卖车的诀窍抖了出来。他把所有客户档案都建立系统的储存。他每月要发出1.6万张卡片，并且，无论买他的车与否，只要有过接触，他都会让人们知道乔·吉拉德记得他们。

他认为这些卡与垃圾邮件不同，它们充满爱。而他自己每天都在发出爱的信息。他创造的这套客户服务系统，被世界500强中许多公司采用。

《吉尼斯世界纪录大全》经过专门的审计公司审计，确定

乔·吉拉德是一辆一辆把车卖出去的。

"他们对结果很满意,正式定义我为全世界最伟大的推销员。这是件值得的骄傲的事,因为是靠实实在在的业绩取得这一荣誉的。"

乔·吉拉德说:"所有人都应该相信乔·吉拉德能做到的,你们也能做到,我并不比你们好多少。"

而他之所以做到,便是投入专注与热情。他说,放弃了建筑生意,就在于太多选择、太多人,会分散精力。而这正是失败的原因。

世界上大多数人害怕重大的事情:怎么使自己事业成功?乔·吉拉德认为,应当投入聪明、有智慧的工作。

有人说对工作要百分之百地付出。他却不以为然:"这是谁都可以做到的。"但要成功,就应当付出140%,这才是成功的保证。他说,对自己的付出从来没有满意过。

每天入睡前,他要计算今天的收获,冥想,集中精力反思。今天晚上就要把明天彻底规划好。离开家门时,如果不知道所去的方向,那么乔·吉拉德是不会出门的。

第五章

销售的准备策略

第五章　销售的准备策略

如何制订销售策略

　　在准备过程中，把重要的事情放在第一位。首先要考虑自己的销售策略。因为制订准备策略有助于缩减你的准备时间，并使准备更有效。当你要做准备时，可参照以下三个步骤。

　　步骤一：从战略上的准备开始。考虑自己的长期关系目标，然后为销售洽谈设置短期的目标。要确保你的目标是适当的、可实现的，并且要有个时间期限，这样你就可以保持动力，并评估销售洽谈的结果、促成交易。设想一下销售洽谈的流程，其中要包括对客户会在什么时候说话的设想。

　　步骤二：做好与客户有关的准备工作。考虑客户的目标、

情况、需求以及他们做出决定的标准。

步骤三：最后着眼于产品和技术的准备。用一系列产品以及你的能力来满足客户的需求。准备好要问的问题，做好可能遭受拒绝的心理准备，还要根据客户的不同，准备不同的资料。

多数销售人员的准备工作与我们所建议的步骤顺序相反。他们一开始就做产品和技术的准备。其实，以战略上的准备为起点，可以让你有的放矢，既节省时间，又可以始终以客户为中心。

为了有助于做好准备，你要尽力留意行业或公司的新闻。你要为你的团队补充新的想法。你可以重新查找客户的文件，这样可以巩固自己已经了解的信息，避免重复。你还可以把你认为用得上的资料都准备好，并且根据需要修改你的计划，以确保它适用于你的客户。

当你设想同客户进行销售洽谈的议程时，一定要保证以客户为中心。在销售洽谈之前，只要有可能，就随时把客户提出的信息放入议程当中。在将这些信息输入后，你仍需不断检查你的日程安排，对信息输入做出反馈，以期得到更多你所需要的信息，进而做出调整，不断推进销售洽谈。

下面是有助于你做准备的三点提示：

第五章　销售的准备策略

（1）为同所有客户进行销售洽谈做准备。为每次销售洽谈设置带有时间期限的合适的目标，这有助于保持你的动力，并促进达成交易的进程。

（2）根据需要修改所有资料。让客户知道他（她）的需求是你工作的中心。

（3）设想销售洽谈情境。计划好销售洽谈的流程，并考虑客户会在什么时候说话。

销售解说前的准备工作

很多人认为好的语言表达能力就是滔滔不绝,事实上远非如此。判断一名推销员是否具有好的语言表达能力,要从他所使用的语言的说服力上分析。销售的核心是说服,说服力的强弱是衡量推销员的水平高低的标准之一。很多时候滔滔不绝不但不能说服客户,还有可能引起客户反感。正的说服需要技巧。那些真正真正有说服力的推销员并非都能口若悬河、侃侃而谈,只要掌握方法,一个木讷、呆板甚至说话结巴的销售人员都能够具有超强的说服力。

虽然仅凭出色的口才和语言天赋不足以让一名销售人员在

第五章 销售的准备策略

销售领域出类拔萃，但是不能否认的是，如果没有这项能力，销售人员很难获得成功。能言善辩是一个合格的推销员应该具备的重要素质之一。成功的推销员都有良好的语言表达能力，他们在介绍产品时清晰、简洁、明了、准确适度、合情合理、亲切优美，能打动人、说服人，能感染对方，激发起顾客的购买热情，形成良好的销售气氛，达到销售的目的。

销售人员在做产品解说时，要重点对自己的产品进行分析，包括产品各方面的功能，能够给客户带来的利益、与其他同类产品的对比以及在价格上的优势等等。

1.分析产品的技巧

（1）介绍功能是解说产品的开场，应该做到简短有力，直奔主题。

（2）利益介绍可用在激发购买欲望的技巧中。

（3）在做对比时，着重突出自己产品的优势。

（4）价格始终是吸引客户的重要因素，要强调客户用最少的成本获得最大的收益。

下面以某管理课程产品为例，介绍销售人员分析产品的过程。

首先，介绍产品的功能。

第一，针对不同的群体，包括厂长、经理、销售主管、员

工,快速提高他们的学习能力和管理水平。

第二,针对企业存在的各种问题,提供整体的解决方案,也就是提供一个学习的平台,建立企业内部的商学院,从而来提升企业的竞争力。

其次,介绍产品的利益。

购买该产品能够获得的利益是快速、高效地提升个人的管理能力和企业的竞争力。

再次,与其他产品进行对比。

把该产品和市场上同类产品进行比较,该产品非常全面,目前有数十个品种,包括人力资源、销售技巧、生产管理、财务、MBA等等,而其他产品却比较单一。

再次,介绍产品的价格。

该产品价格非常合理,例如一场公开课只需要支付一两千元,而且提供VCD、图书教程、CD-ROM,方便客户随时随地学习,让客户用最少的成本获得最大的知识效益。

由此可见,具有说服力和感染力的语言,首先必须是积极的。很多销售人员不注意这一点,所以他们的销售总得不到客户的热烈响应。一位机器设备推销员在回答客户有关产品性能方面的问题时是这样回答的:"科斯特先生,您永远也不会因

第五章　销售的准备策略

为买了我们的商品而后悔。因为这款机器绝对不会给您带来问题和抱怨！"后来他失败了。几日后另一位推销同样机器的推销员也来拜访科斯特先生，面对同样的问题，这位推销员是这样回答的："科斯特先生，我保证您今后几年都会因为购买了我们的产品而高兴的！易于操作、功率强劲一直都是这款机器的特点！"最后他成功了。消极的语言大败面归，而后一位使用了积极的语言，而取得了成功。

不管你面对的是怎样的客户，也不管你所处的环境如何，如果有积极的词汇可以选择，那么就要完全避免不必要的消极词汇出现。我们要说"这种产品真不错"，而不要说"它绝对不会出差错"；要说"我们能为您提供更加全面周到的服务"，而不要说"和我们合作，您就不必再担心合作伙伴不能履约，为您带来损失"。

让语言再委婉一些

说服不是逼迫。这是很明显的道理，但仍然有相当多的销售人员把二者混淆在一起。很多推销员认为，如果自己是为得挑战性十足，客户就能"就范"，购买自己的产品。事实上并非如此。不管是语言还是行动上的逼迫，都不会给客户带来好的感受，都不能说服他们，相反只会引起他们的反感。与挑战者性十足的语言比起来，客户更容易接受一种委婉的、柔和的语言。当推销员使用这种语言时，客户就会有一种推心置腹的感觉。这种语言能为推销员赢得客户朋友式的友谊，能使自己的真诚得以展现。事实上，这种语言更有助于销售。

第五章 销售的准备策略

如果你是一位客户,你会对下列哪一位销售人员产生好感呢?

A:"如果您没有其他的问题了,我建议您现在马上就做决定!"

B:"如果您没有其他的问题了,您应当迅速决定!"

C:"您还考虑什么呢?我们已经把所有的问题都谈过了。"

D:"不要犹豫了,您最好现在就买。"

E:"请拿着这支笔,马上在订单上签上您的名字。"

显然,你会对推销员A抱有好感,因为他是真正在说服,而不是逼迫。

避免强迫式的语言并不困难,只要在你所说的话中加入"我想""建议""我认为""我提议"等字眼,就可以了。此外,推销员还要注意,在自己的动作表情中要竭力避免焦躁、着急,要显得谦逊、自持。不要步步紧逼,要尽可能为客户营造轻松活跃的气氛。当然,在回答客户的有关产品专业知识方面的问题是,要显得信心十足,这样才能维护自己的专业形象。

永远都不要使用伤害对方的语言

在销售谈话的过程中，尤其是在谈话双方出现意见分歧的时候，销售人员很容易说出一些不恰当的词或句子，这会使原本就存在的矛盾变得更激烈。所以，不管你认为客户犯了怎样大的错误，都不要在语言上向其发出挑战，即使你觉得对方是在挑衅，也不要在语言上迎战。不管是哪种情况，你都可以使用更好的、更恰当的方式证明自己的正确，维护自己的尊严。

实际销售中，推销员常的说具有伤害性的话有以下几种：

（1）"您可能误解了我的意思！"如果你发现客户误解了你所说的话，不要强行打断他，为自己辩解。此时，你要保

第五章　销售的准备策略

持冷静，并从客户的话中找出客户误解的关键点，是价格上的误会，还是供货方式存有异议，然后调整自己的思路，重新组织语言，针对客户误解的重点，重申自己的意思，这样才能说服客户。

（2）"可能是我的表达方式不对！"如果客户因为你的错误的表达方式而反应激烈，那就应该调整自己的表达方式，力求使客户感到舒适满意。不要因为客户不能接受你的表达方式而与客户发生冲突，抱怨和不满没有任何意义，只有改变才能使销售继续下去。

（3）"先生，您的这种想法是不正确的。我可以向您证明另一种想法的正确性！"任何时候都不要批评客户，这是对客户的不尊重。推销员的任务是销售产品，不是为客户纠错。所以，如果客户与你不同的想未能与你的销售无关的话，完全可以不予理会。如果客户的错误想未能阻碍销售的进行，你也没必要扮演真理的化身，直截了当地指出客户的错误。在这种情况下，先承认客户合理的一面，再委婉地提出自己的观点，可能更有助于客户接受。

（4）"我能理解您的想法，先生！但是我们能不能再考虑一下几个其他的因素？"这种语言明显是在指责客户考虑问题不周全。

（5）"先生，您拒绝了我的预约。尽管如此我还是来了……"或说："先生，您拒绝了我的预约。也正是因为这样我才来找您，我想我能消除我们之间存在的误会。""虽然如此"这个词，在所有"带有伤害"的词汇中是最为明显的。其实，在大多数情况下，我们可用"因此"这个词来代替，这样比较好接受一点。

另外，一些推销员在谈话开场白里经常使用的一些句子，也属于"带有伤害"的语言范围之内，它们通常会起到负面作用：

"对不起，打扰您了……"

"我不会耽误您太长时间的……"

"我想占用您一点儿时间，和您谈谈……"

这些表达方法是那些性格软弱的销售人员经常使用的，他们用这样的话的目的是不惹"对手"生气，事实上，销售人员越是贬低自己，越会令客户气愤。因为没有人喜欢在一个并不重要的人身上浪费时间。每个人都喜欢和重要的打交道，而且与重要人士交谈的时间越长他们就会越高兴。所以，任何时候都不要贬低自己。

第五章　销售的准备策略

在语言上占据主动

销售人员在与客户交谈时要把握主动权。主动权在销售中具有至关重要的作用，销售人员只有将主动权牢牢掌握在自己手中，才能扮演引导者的角色，才能促进销售。如果丢失主动权，销售人员就会被客户牵着鼻子走，这样是很难取得好的效果的，这就需要大家掌握以下四点：

1.要想把握主动权，就要少说多问

最有说服力的语言表达方式不是陈述，而是提问。提问不但比陈述更有利于推销员了解导致潜在客户犹豫不决的真正原因并有针对性地加以说服，而且更有利于传达推销员对自己产品的信赖，从而影响对方。合适的提问往往可以将推销过程推向前进：

经过一个多月的奔波，鲁克终于找到了一所能令她的客户格林先生100%满意的房子。后来的事实也证明了她的这一判断并没有错。在他们看房子的哪一天，她的客户表现出了难以掩

饰的惊喜。不论是房子的建筑风格还是结构格局，甚至车库和泳池都受到了格林先生的热烈赞扬。他兴奋地说："所有的这一切都完美无缺，它简直太漂亮了。我真想立刻就拥有它。"

鲁克很高兴，她知道事情已经成功了一半。于是她看着她的客户说："只要你愿意在这张纸上签上你的名字，你就可以拥有它了。不过在你签单之前，我觉得必须告诉你一件事情，这栋房子价格比你想出的房款要高出五万元。"

听了这番话后，格林先生脸上笑容渐渐消失了，他的表情变得平静，并陷入了思考。鲁克觉察到了这一变化，于是她问了一个问题："格林先生，你说过你打算在这座城市定居，我想你肯定会在这里住上30年吧？"

"事实上，我打算在这儿住更长的时间。"

"那你觉得这的周边设施以及交通状况怎样？它们会使这座房子的价格以每年1%的速度增长吗？"

"这当然太有可能了。这里发达的公路网和即将启动的市建工程很有可能使它在短期内价值翻番。"

"那么请再回答我一个问题；你现在的每年要拿出多少钱

第五章 销售的准备策略

来支付公寓租金?"

"大约7万元左右。"

"那你愿意以年租金5万元的价格租下这座漂亮的房子吗?而且更为诱人的是,当到了年底你就可以拥有这座房子,享受它为你带来的年1%的价值增长,并在它的相伴下幸福快乐地生活30年。你觉得这个计划怎么样?"

格林先生听后,二话没说就在鲁克拿出的订单上签上了自己的名字。

提问往往比陈述更有利于帮潜在客户厘清思路,使他们积极主动地自己说服自己,从而尽快做出购买决定,立即行动。显然,这大大提高了销售成功的概率。

2.要用主动句代替被动句

与被动句相比,主动句属于对我们的销售有利的语言。其实,如果推销员以主动句表达自己的观点,往往比被动句更能取得好的结果。比如,"目前,我们正在积极地筹划一项新的"往往比"目前,一项新的项目正在积极的筹划中"更利于接受;"我们科研所目前正在针对这几种可能性做研究"所表达的意义往往比"这几种可能性目前属于我们科研所的研究范

围之内"更清晰;"我们会在公司高层会议上讨论您的这个问题"往往比"您的这个问题将会被列为公司高层会议上的一个议题"听起来更舒服。

所以,在销售的过程中,销售人员要尽量使用主动句,要说"我会为您解决这个问题",不要说"您的问题会被解决";要说"我下次会为你带来更适合你的产品",不要说"你的产品会在下次带来。"请记住,语言上的微小差距往往带来销售结果上的莫大不同。

3.要避免"空话"和"语言垃圾"

令销售人员失去谈话主动权的往往不是他们的主动意识的丧失,而是他们在谈话中所说的"空话"和"语言垃圾"。很多时候,在这些销售人员大谈特谈他们根本无法实现的空话时,客户的一个出乎意料的问题就使他们主动交出主动权了。

所谓的"空话"和"语言垃圾"就是语言中没有任何含义的多余部分。它足以使推销员精心安排的销售拜访功亏一篑。在下面的这个例子中,您可以看到十足的空话:

销售人员:"托尼先生,嗯,说实话,基本上我可以在一定程度上从您对这个问题的表达本身得出这个问题所谓的答案。"

或许,这位销售人员是想通过是想这些修饰语来赢得一些

第五章　销售的准备策略

时间，以便进行思考。实际上，过多的修饰语带来的效果反倒不如直说：

"您真的把我问倒了，托尼先生！我不知道该怎么回答这个问题。但是如果这个问题的答案对您来说真的很重要的话，我可以明天下午再打电话告诉您。"

4.大方地回答有关竞争对手的问题

很多销售人员在面对有关竞争对手的问题时显得手足无措，从而导致主动权的丧失。事实上，当遇到这类问题时，销售人员完全可以大方地回答，你可以坦率地说出你的产品和竞争对手的产品有哪些不同，也可以进行一些实事求是的比较。但在处理这一问题时，有两个原则：一是要实事求是，不要贬低竞争对手，也不虚夸自己的公司；二是要想方设法使客户的注意力回到自己的公司上来。

有一次，亨利拜访一位准客户时遇到了一件十分棘手的事。他刚刚自我介绍完，准顾客就下了逐客令："我们与'科拉罗'公司有着固定的供货关系！"

听到这样的回答，亨利并没有慌张，而是说："这个我知道，克莱克先生……克莱克先生，当您选择供货商的时候，您一定会考虑，这家企业在您公司的周围是否有服务站吧？"

亨利的回答无疑出乎准客户的预料，他紧盯着这位推销员："啊！您是想说'科拉罗'公司……"

看到客户的注意力集中到自己身上，亨利觉得是时候进入自己的推销了，于是他接过话茬："不好意思，克莱克先生，我不得不打断您！有关我们这个同行企业的情况，我想不必我多讲。因为我还有很多有关布里斯多公司（亨利所在的公司）的优点要说！您知道应几个月以前，布里斯多公司在这个地区成立了一家分公司吗……"

"嗯，这个我听说了……"亨利成功地户的注意力转移到自己的公司上来了。

在销售谈话中，销售人员没有必要回避客户有关竞争对手的谈话，但需要注意的是，在回答这类问题时，不要把自己竞争对手的名字说出来！即使您的顾客引导您谈论这个话题，您也不能轻易就范！说出竞争对手的名字，不但会加强客户对与竞争对手的印象，而且如果处理不当还会使客户产生这样一种想法："这家企业在与它的竞争对手公开叫板。"这对于销售是不利的。虽然不必要提及竞争对手的名字，但是我们仍然可以谈论这个话题，或者用与竞争对手有关的信息作为销售论据。

让你的声音充满阳光

虽然销售不是唱歌,但毫无疑问动听的声音往往会使销售人员更快地获得准客户的好感和注意。推销员的语言应该使客户听起来舒服,愉快。推销员说话时,语气应始终保持柔和,避免大声说话,避免发出刺耳的高音,要给消费者一种温和的感觉。被拒绝时,也不要使用会引起争吵的语气、句式。

与客户洽谈时,必须有意识地运用停顿和重复。恰到好处地停顿会使客户回顾起对你有利的销售信息,重复会使你的商品的特殊点给顾客留下更深的印象。推销员在谈话中应注意自己的语调,掌握说话速度,以便控制整个销售谈话,使自己处于主

动地位。谈话时，应做到简明恰到好处，过多的废话会引起顾客的反感。当产品拥有众多的优点时，说出其中重要一两条即可。在某些细节上，推销员注意一下口语是否对销售有利，如不利应尽快改正过来。

在谈话的过程中，推销员应该针对对方的迅速来调节自己说话的速度。如果顾客说话的语速偏快，那么一个说话速度慢的推销员在他的眼里就会显得有点我"慢吞吞"。这时，顾客就会不耐烦，甚至有些恼火，或者可能会昏昏欲睡。如果顾客自己的说话语速很慢，那么，语速快的推销员对他来说，不仅谈话内容听起来很吃力，而且常常会给客户留下不可信的印象。

有一项研究结果表明，就男性来说，深沉的嗓音对于提升讲话人的自豪感、可信度和权威性是很有帮助的。因此，男性推销员不妨放慢语速，当我们说话的速度较慢时，我们嗓音也会变得比较深沉，这时候，我们就会显得更加可信，而且更具有权威懂得和专业性。但是，对于女性来说，嗓音与可信度的联系却很小。

适当地放慢语速对于销售是很有好处的。说话快的时候，我们很容易犯错误，我们不得不断地改口，这样会让我们显得有些自相矛盾。而如果语速放慢，思维的速度就会超过说话的

第五章　销售的准备策略

速度，我们所说的每一句话都是经过慎重考虑的，犯错误的几率就会降低很多，这样我们就会显得更加可信。

推销员在与客户交谈时应尽可能使声音变得抑扬顿挫，因为，对于推销员来说，平铺直叙的介绍是最具破坏力的。一位销售大师曾说："销售人员最好的语言不是说出来的，而是唱出来的。""说得比唱得好听"是可以学会的。你可以在家做这种练习：在自己面前摆上一台录音机，随意挑选书籍、杂志以及报纸中的文章，然后尽可能用充满感情的，最美的语调把它读出来。读完之后，再自己听一遍效果，然后改正不足，直到满意为止。记住自己易犯的错误，在与客户交谈时竭力避免，这样你就能成为一个人见人爱的推销员了。

机智的语言可以化解尴尬

在销售的过程中，经常会遭遇尴尬，比如叫错潜在客户和客户的名字，在会面时忘记了一个重要的名字或重要事实，在进行销售拜访时，碰洒咖啡或者茶水，在销售会面后发现午饭吃的青菜沾在牙上……无疑这些都有可能使你的销售功亏一篑。

在遭遇这些尴尬时，你该怎么办？成功的推销员认为，只要运用机智的语言，就可轻松化解这些尴尬。

一位优秀的推销员琼认为，面对尴尬，最好的办法就是尽可能使你的声音和语调保持自然和平静。在一次产品推介会上，琼出了丑了。她那天穿了一件过长的连衣裙，裙裾一直垂

第五章 销售的准备策略

到地面。就在她后退定步打算靠近黑板时,她的脚踩住了她的裙子,结果当众摔倒在演讲台上。观众起初还不知发生了什么事,接下来就有几个人跑上台来搀扶她。当她站起来的时候,并没有惊慌失措,而是继续用平静的声音介绍产品。会场只经过了很短一段时间的不安很快就安静下来,就像什么也没有发生过一样。

适当的幽默也是打破尴尬的绝好方法。

朱丽娅在进行销售拜访时摔倒了。当时她站在门边与客户握手说再见,当她准备后退一步迈出客户家门时,脚被门边的什么东西绊了一下,她开始向下倒。出于绝望,她抓住了客户的肩膀寻求支撑,客户也很配合地拉起了她。当她站稳时,她微笑着对站在旁边看的客户的小女儿说:"我和你的爸爸配合的这段吉普赛舞很经典,不是吗?"所有的人都开怀大笑,尴尬也就在顷刻间消失了。

不管你做了怎样充分的准备,也不能完全排除尴尬发生的可能性,一旦尴尬发生,销售人员就必须能够应对,用机智的语言将尴尬对销售的影响降低到最低限度,这样才有助于我们的销售。

专业销售人员的基础准备

　　基础是决定您的事业是否成功的基本要素。销售人员的基础并不需要您妙语连珠，也不需要您名牌全身。专业的销售人员的基础首先是将自己销售出去。

　　前面我们已经介绍了怎样将自己销售给一家合适的企业，作为一名销售人员，我们可以从身、心及训练三方面入手，将自己销售出去。

　　有一个人叫桂天甲，此人到公司里的时候，正好赶上公司要在上海开分公司，也许是他对做培训公司的销售事业有着情有独钟的心态，在分公司开办的第一个月内，他就做了100多张

第五章　销售的准备策略

销售订单。可想而知这一份份订单后面所饱含的辛劳与汗水。

汗水没有白流，他受到了公司的表彰。但他却谦虚地说，我的成功是从更多的准备工作开始的，也是通过学习得到的，更是从众多销售人员的经验分享中得到的启示：做销售，需要吃苦流汗，但更需要用心。他们能做大单，自己也能做。

心有多大，舞台就有多大。回来后，他便开始尝试着去做一些大公司的业务，他把注意力转移到"中国富豪排行榜"的那一群人身上。他通过各种途径搜集到50多位经济实力雄厚人士的名单，从中筛选出几位有潜力的客户开始去拜访，结果却遭受了拒绝和碰壁。

但他很快调整了策略，尽力将自己培养成高素质的专业代理人及理财顾问式的行销专家，他潜心学习，阅读了大量培训方面的书籍，并把汤姆·霍普金斯、原一平、乔·吉拉德、柴田和子等人的自传，看了一遍又一遍。

知识就是力量，桂天甲通过不断地实践总结，销售能力很快得到提升和突破，并形成了自己独特的行销风格，销售订单，许多订单的签订促成使她对从事培训事业充满了信心。

计划是经营的蓝图，有多少准备，就有多少机会。桂天甲经过周密地思考与分析，准备实施他的百万销售订单梦想。其中在他拜访的客户名单中有一位是在他刚入公司时就注意到的，并拜访过他，因为他在上海市声名显赫，资产过亿，任何一位推销人员都无法拒绝对他的关注。在这两年时间里，他也一直都没有停止对事业的关注，他对他的个人爱好、事业发展状况、经营效益、家庭成员及朋友等做了全面细致的了解，并建立了个人档案，同时找到了最佳切入点：从每一个细节做起。

万事俱备，只欠行动。第一步，先电话约访。这也有很多技巧，要会打电话，话要说得恰到好处："喂！李总吗？打扰您了，我是国际企业战略网的桂天甲，您可能不记得我了，我曾在北京时与您认识，非常羡慕您现在的事业越做越大，我想在下周合适的时间去看望您，知道您很忙，今天就不打扰了，再见，李总。"

下一周，他会在每天下午离下班还有一个小时左右的时候不停地给李总的办公室打电话。之所以选择这个时刻，是因为这个时候该开的会已经开完了，吃晚饭还不到时候。客户一般

第五章　销售的准备策略

没有理由来拒绝面谈。"李总吗？我是桂天甲，上次我说要去看您的。现在我就在您楼下，不知您现在忙吗？如果忙，我下次再来吧！"面对这样的约访，谁还能拒绝呢？

下一步，面谈前的准备工作，非常重要，诸如相关资料的准备、心情的准备、仪容仪表的准备、话术的准备、可能出现的异议等，他会在脑海里设置很多场景，并将要说的每一句话反复推敲、演练；他还准备了大量的相关资料，如公司简介，客户反馈表等。

由于准备充分，第一次面谈达到了预期的效果。第二天他又立刻写了一封感谢信给客户，感谢客户在百忙之中的接待及对他的信赖，并希望能为客户提供更进一步的培训服务等。在通讯业异常发达的今天，桂天甲却采取了传统的写信方式，不能不说他的高明。其作用显而易见：树立与众不同的专业行销风格，强化客户加深对他的印象及好感，让客户感到与其身份相适宜的服务与尊重，用传统的交流方式让客户感受到久违的真诚。

每一次面谈的结果就是下一次面谈的开始。经过几个月多

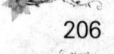

次商谈后，客户表示同意考虑再次与桂天甲合作。

后来，桂天甲又做了几个大单，其中有一个高达500万元之巨，把他今后的培训事业推上了高峰。

所以，作为一个推销员，只要坚信自己的产品能够给客户带来利益，否则您不可能真正认同您的工作。将一个适合客户的产品带给客户，销售工作的本身是赋予了我们这一内涵的。但往往进入销售行业的人会被客户的表面态度，产品的绝对优良品质所击败。世界上没有永远的拒绝，也没有最好的产品。所有的一切仅仅围绕一个原则，什么样的客户需要什么样的产品，不要以为您的产品和对手的产品在功能上无法相提并论，但是您产品的价格和适应性、您的服务，还有您自己，都能够为客户找到合适而且合算的理由。用心去经营您的产品，这是您的兴趣所在，您的客户接受了您的推荐而获得了相应的利益，这有什么不让自己愉快呢？相信最艰苦的时间很快会过去，您的每一件事，每一个细节都犹如我在本节所描述的穿着打扮、礼仪一样重视，您就会拥有很多的客户，相信自己——我一定要做到，我一定能做到。

第五章　销售的准备策略

怎样找客户

公司一般都规划好了销售人员的销售区域，有些甚至会把潜在客户名单交给销售人员销售；有些则没有明显的区域划分，如保险业及多数的直销业，没有销售区域的销售人员应该自行规划合适的销售区域，因为没有一个重点的销售区域，您将无法有效的开展您的销售计划。

那么，你如何才能找到适合你的客户呢？

找客户的办法很多，但归纳起来只有四个字："广告""关系"。"广告"是找客户的前提，"关系"是得到客户的基础，而"服务"则是巩固客户和扩大市场的关键。这里

先谈"广告"的方法类型：

1. 顺向广告法

在发货方找客户，用信函、报纸、电视、书刊等媒体在生产企业，及经营公司所在地投放广告，即为顺向广告，一般年初、月头、礼拜初投放为黄金时段，信函广告和报刊广告交叉使用可以做到优势互补，信函广告目标明确潜在效果好，而缺乏渗透性。对于那些新开办的企业，公司难以辐射的地方而报纸广告则恰恰相反，信函到不了的地方，报纸可以看得到，客户有需要时刚好又看到了你的广告，这样生意较容易谈成，报纸的发行量和辐射面比信函不知道要大多少倍，但报纸的短处在于容易过时，容易被扔掉，被遗忘。

2. 逆向广告法

在收货方找客户，用信函和报刊等媒体在需方企业公司所在地投放广告即为逆向广告（倒着找客户）。逆向广告的好处在于需方市场远距离，广告竞争对手较少，容易被客户产生印象，有需要时就会产生效益。

逆向广告还有一个别人无法代之的优势是专线公司向专线所在地发广告、打电话，一般容易用乡音、乡情打动客户，谈成生意，逆向广告找到的客户还有一个好处是不需垫付运费，

第五章　销售的准备策略

一般都是货到付款，这种既省钱又省事的方法何乐而不为呢？

3.定向广告法

有目标的选择广告对象，就行业来讲一般选择重货、大型货物，如钢铁类、建材类的生产企业。机械、机器制造业和化工制造业等这一类的行业发货量大，安全系数高货物卖不掉，飞不走，不易变形或损坏，而且不易被雨淋。再一种情况是已知某公司发往某地的货较多，则定期不间断地采取价位和服务等方面优惠的方式投放广告，最终必有回报。

4.辐射广告法

一般是指利用书、报等媒体投放的广告。这种广告，辐射面广，时效长，但成本高，容易混淆，难以做到出众而引起客户重视，这样就相对的影响了广告的效果。

5.传真广告法

把公司的资料（如执照、证件、价格表）有目的地传给企业或公司。先传文，后打电话交谈，如有意向则登门拜访。这样生意谈成的概率很高。传真广告法的好处在于选择的方式比较灵活，操作方便，成本低廉，比信函便宜。

6.偷梁换柱法

由司机提供客户的电话，冒司机之名与客户联系，做一二

次生意后便要公开身份，最后让客户承认你接受你，这样原来司机的客户就变成了你的客户。

7.攀亲寻故法

前面提到的关系法，找朋友、乡亲、同学、战友介绍关系，或登门拜访，施之以礼或电话交流联系。总之，通过关系找来的客户要注重一个"情"字，重视人情礼节，并建立友情很重要。

8.借光照明法

利用别人举办的新闻发布会，招商会，募捐会和媒体搞好关系，借名扬名，借别人的光照亮自己而扩大知名度，这样既不花钱又起到了广告作用，便可能产生现实的或潜在的效益而得到客户。

9.暗渡陈仓法

兵书上所言"明修栈道，暗渡陈仓"，桌面上谈生意、谈工作、谈公事，背后登门拜访施之以礼。此法比较世故，但遇到世故者，特别是公司和企业的当事人，此法较为理想。

10.借鸡生蛋法

利用老客户来介绍同行或有货源的关系，这样由一变二，二变四，像扯花生一样扯一株得一串，此法最相宜，最有效。

第五章 销售的准备策略

11. 横向联系法

与同行之间不断地投放信函广告或刊登货运媒体广告。用电话联系或上门洽谈，此法是做专线的经验之谈，也是把专线做好的必由之路，不断地扩大自己在同行之间的知名度和信誉度，不愁没有生意可做，此法也是借别人的力量变为自己的力量，是找货的捷径法宝，也是初学配货者必学之法，必经之路，必成之经典。

12. 远交近攻法

远距离和同行联系，近距离，直插企业公司。任何一个货运公司都有用车困难的时候，如果你紧靠停车场，又熟悉车源，那么你就一定能做到别人公司不能做，不好做的生意。近距离面对面的谈生意，如果你给人一种稳重，爽快，又懂专业的好印象，那么你已经有了成功的一半。因为别人在发给你货的时候，肯定要判断你这个人可不可靠。又有谁愿意与那些满嘴大话，举止轻浮，油腔滑调的人做生意呢？

13. 巩固客户法

（1）是价格要低，服务要好，速度要快，而且能保证安全。

（2）是必须以人为本，加强与当事人的感情沟通，既注重人情，又给予实惠，礼节见人情，利益是根本，二者兼顾，

相得益彰，只有如此客户才得以稳定，才不会被流失。人情和服务二者都重要，不能偏颇。没有工作上的肯定，人情没有前提和基础。缺乏人情和利益，则有悖于世俗和潮流，别人还讥讽你"不懂人情世故"呢！工作和人情就像人的两条腿，车的两只轮，缺一不能成行，不能前进。

第五章　销售的准备策略

广告就是销售

　　您只知道广播和电视商业广告是在向您销售商品,但是您可能没有意识到广告运动对您的深刻影响。比如,您可能不喝可口可乐,但是,我打赌您听到广告的音乐响起,您就能跟着哼唱出来,或者伴随音乐您能在脑海中浮现出耗资百万美元的在黄金时段播出的电视广告画面。

　　即使您不爱喝可口可乐,如果别人请您顺路帮他买听可口可乐,您将用多长时间在货架上找到可口可乐?肯定不会花很长时间。为什么?部分原因可能是在大多数超级市场,可口可乐的货架位置都很显著。但是,您之所以能迅速找到可口可

乐，更重要的是您清楚地知道可口可乐的外包装是什么样子。

我们已经习惯于生活在商品信息的氛围中，而且我们努力去回避这些信息的影响。我们调整心态去剔除不需要的信息，只注意对我们有特定利益的广告。

设想您只是随意地瞥了一眼一家管道修理公司的令人心跳停止的硕大路牌广告，可能就会不加怀疑地认为这家管道的修理服务是全城最好的服务。通过制作比实际大得多的路牌广告，这家管道修理公司希望您在需要管道修理的时候能记起他。即使您从来没有需要过管道修理工，您是不是也对他有一定的熟悉感？可能会的。

所以当您需要管道修理工时，会发生什么呢？您也许并没有立刻想起他。一旦自来水管道出了故障，您不得不关掉自来水龙头，思忖着还要多长时间才能恢复正常时，您的第一反应就是翻看黄页电话簿，在管道修理服务项下寻找。如果这家公司对他的生意认真，电话簿上就会出现他的另一则广告或者至少是一个电话名录。一旦您发现他的广告或者名录时，您会感到熟悉和舒服，在进行下一个选择之前就会给他打电话。如果电话的另一端接受了您的请求，销售就发生了。

第五章　销售的准备策略

走动的广告

您意识到您自己本身也是制造厂商广告计划的一部分吗？事实上，您已经是多种商品的销售员了。您可能会说："好啦，陈老师，您葫芦里卖的什么药？我参加您这次的培训是为了学习如何销售，现在您却说我已经在为制造商销售东西了。"

有一个测试能够证明我的观点：看看衣橱和抽屉里，找一找有多少品牌名称贴在您上衣的胸部、缝合在裤子后面的口袋以及运动鞋的外侧，然后想一想您为他们做走动广告，您得到了多少报酬。

展示广告不仅仅是指标志、彩旗和路牌广告，还包括获得免费的T恤、帽子或者有趣的礼品包，这不是很惬意吗？无论您是谁，免费就是免费，获得免费的物品就是挺高兴的事儿。

但是当您接受并使用这些可爱的小礼物时，您意识到您是在帮助这些企业推广传播商品，向别人昭示这些商品非常卓越；抑或向您的朋友和熟人提醒那家企业新开的几家分店吗？当您使用带有品牌标识的物品时，人们会注意到吗？会的。您下次不由自主地阅读别人T恤或帽子上的字时，您就会更加确认上述观点。

1.印刷广告

瞥一眼日报，您就会发现自己处于新闻和印刷广告的轰炸之下，多数杂志的大量版面用于刊载广告。是广告收入，而不是每年365元人民币的订阅费使优秀的报纸杂志保持良好的经营状态。商家愿意花巨资购买版面向受众传递产品信息。读者通过付费阅读文章以及广告。

2.邮寄广告

您收到的信件，无论是恳求信，还是商业优惠券或者是商品目录，都是为着一个简单的目的：向您销售商品。按照概率分布，在邮寄广告被丢弃前，将有足够多的人花时间阅读，并

第五章 销售的准备策略

实际订购商品。

在获悉邮寄广告只有平均1%的答复率时，也许将使您惊异其概率之低。也就是说100份商品目录中只有一份带来了实际的订购，其余99份没有给公司带来一分钱的收入。事实上，由于包含很多彩色画片，商品目录的成本比较高。既然如此，为什么还有那么多邮寄广告？答案很简单，只要您订一次货，在以后需要其他商品时就很可能再次订购。企业会努力维系与您的关系，希望您订购更多。

销售计划

非常多的销售人员觉得一个营销计划只要是经过精心设计,正确地实施再加上足够的财力支持,就肯定能够获得成功。其实不然,为此我们只需要看看IBM、通用等公司的案例就明白了。也许这些公司所采取的营销措施和技术并没有错误,有时甚至还非常出色,然而,他们的营销计划本身所基于的却通常是一些有缺陷的假设。所以无论这些计划看上去有多么的巧妙和出色,也不论其预算支出有多大,最终却不能奏效。这是什么原因造成的呢?这是因为他们忽视了销售是行动导向的科学,没有行动计划,必定没有业绩。只有提前制订一

第五章 销售的准备策略

个好的销售计划,企业才能取得销售成功。

所以,合理的销售计划是依时、依地、依人、依事组织的行动过程。计划是行动的开始,行动的结果是否能够达到目标,是计划检核的基本点。

销售人员在作计划前要考虑的三个要素:(1)接触客户时间的最大化;(2)目标;(3)达成目标所需的资源。

销售活动是与客户之间进行互动的过程,客户的时间不是您所能够控制的,所以您最好要提早安排,销售计划必须保证充分的弹性。在执行计划的过程中,您必须以严谨的态度对自己的计划负责,计划中要设定严格的检核要点,随时评估计划的可行性,促使自己全力控制计划的进度,以达成计划的目标。

1. 您的时间

接触客户时间要最大化。对销售人员来说,如何提高接触客户的时间是非常有价值的,我们前面提到过,销售人员真正和客户面对面的时间是非常有限的,接触时间的延长有助于客户更详细了解您和您的产品。确认您和客户的接触是有效的,商谈的对象是正确的对象,商谈的事务是有助于您的客户了解产品和了解您自己。

计划的检核点之一就是"您和您的客户在接触过程中的效

果和您所用的时间"。

2. 您的目标

目标分终极目标和阶段目标,有很多业务不是一次性成交的,需要几个回合的接触,借助各种销售手段才能达成的,阶段性目标是检查销售计划执行状况的重要标志,对于区域销售计划则尤为重要。

目标是企业和您共同确认能够达成的任务。目标除了销售数量和销售金额外,还涉及销售费用。下列项目也是销售人员行动过程中企业所要求的目标:

(1)要充分了解产品的销售区域。

(2)订出区域分管或客户分管的拜访率。

(3)维持一定潜在客户的数量。

(4)每月新拜访客户及再拜访客户的数量。

(5)参加专业训练的次数。

3. 您的资源

要达成您的目标,您需要充分了解您所拥有的资源及其优劣点。下列项目可协助您了解您的资源:

(1)产品知识。

(2)价格的权限范围。

第五章　销售的准备策略

（3）现有客户的关系。

（4）潜在客户的资料量和细致程度。

（5）销售区域。

（6）销售辅助器材。

4. 您的销售计划

一份好的销售计划，要求您知道在您的销售区域里更快地找到合适的潜在客户，并明确拜访客户的步骤，以达成销售目标。

依计划行事是专业销售人员必备的素质，需要销售人员不断摸索计划的有效性。计划不如变化，但专业的销售人员在计划中却能够充分体现这种变化。刚开始从事业务销售工作的业务新手，不要急于对计划提出过高的要求，按照一定的步骤进行训练，将计划和行程做详细的比较，当您具备了一定经验时，您的销售计划同样可以完美无缺，您的时间的使用效率自然会大大提高，业绩您也就不用担心了，所谓一切尽在掌握。

知而行，行则知。销售是一个循序渐进的过程，当您的心理承受力增大，您的希望一次一次实现时，失败对您已经不重要了，这一次的失败避免了下一次犯同样的错误。我们一起为我们能够理解自己，为了自己的每一次进步，也为自己将要创造的业绩奋进！

做工作计划，按计划工作

"不成功的销售人员如果能像成功的销售人员那样开展销售，那么他们同样也会取得成功。"因为成功的销售人员有目标，他们制订了一个合理的销售计划。

计划是实现目标的唯一手段。您最好用计划来管理您每天的工作。一般做业务的部门都有相应的计划表，自己也可以编制一个工作计划表。日工作计划有以下七个要素：

1. 走出办公室或家门

看看您以前的报表，您的客户在什么地方？试想一下，如果您没有在准确的时间离开办公室，所有的潜在客户都在和您的竞争者进行接触，有的甚至都在签约了！在快餐馆的空调环

第五章　销售的准备策略

境忍不住让您在这里歇歇脚,您知道您耽误了多少个潜在客户和销售生意,价值多少?恐怕您自己也不知道。

记住"潜在客户远在那边"。

2. 约见

忘记一次约会,甚至是一次很重要的约会都是很容易犯下的错误,而潜在客户不会管您任何理由。他认定的就是一段重要的时间被一个没有露面的人给浪费了。一次失约,会在您的脑门上刻上一个标记。那位客户以后每每听到您的名字,就会有两件事情发生:在他面前晃动的标记意味着他根本不会理您,或者更糟,他在指责您的失约。任何一种行动都不利于寻找潜在客户的成功。您还需要记住的是这位被您抛弃的客户还会把您的坏印象归罪于您的公司、您的产品并告诉他所有的同伴。

3. 家庭作业

这个世界里最永恒的事情就是变化。您不仅要注意到市场、行业、产品和营销战略的变化,还要学习研究,知道如何利用它们。如果被一位比您更了解您的行业的潜在客户击倒,这是再糟不过的事情了。

4. 您的家庭

因为工作而将家庭置之不顾或者顾不上的人确实很多。然

而不管您成功与否,最关心您的人就是您身边最亲近的人——您的家庭成员。您做事业不也是为了让他们分享您的快乐吗?

5. 锻炼身体

良好的身体状况可以让您工作更顺利。不过做什么工作,都应该有时间照顾自己的身体。很简单,把他安排到您的计划内,按计划行事。

6. 奖励您自己

当您自己在大棒下工作的时候,还要记着给自己一根胡萝卜,这是很重要的。您必须允许自己在成绩面前受到奖励,对于那些大成绩,我不担心,您的心里已把它放在最重要的位置。我要提醒您的是销售过程中的一些小奖赏也不可忽略。因为这样才能使您不断获得动力,继续前进。

奖赏办法是个人的事情,也应该这样。所以,我不想为您列出一个完整的奖励清单来,想一想什么东西能使您自己高兴,然后,时不时以此对自己稍加奖励。

7. 寻找潜在客户

您的工作是每天都要出去寻找客户,除非正常的休假时间。

这部分工作是最辛苦的工作,也是销售人员寻找推诿借口的首要工作。问一下自己工作中最不愿意干的事情是什么?十有八九是寻找潜在客户。

第五章　销售的准备策略

让您的每一天都卓有成效

将您的每一天分解成几个部分。时间计划有时会使人们受挫，而且"时间计划"这个词听起来也很正式，所以我们用"工作效率"取而代之，这样听起来更顺耳一些。时间计划是计划您的日工作效率，这样才能充分有效地利用您的每一天。但是，在这我们的销售生涯中，只需要您做到"每天进步一点点"就行了。

每天进步一点点的原则：

（1）检讨每周的工作。

（2）改进影响工作的地方。

（3）对自己的时间负全责。

（4）保留一份您重要活动的清单。

（5）保留一份您的约见名单并随身携带。

（6）了解您的时间价值所在。

每天进步一点点，哪怕是每天进步1%，一年下来的成果就大得惊人。

原一平认为："人一旦来到这个世界，就得对自己负责，每天努力地修行。如何使今天的我比昨天的我更进步，更充实，这是自己人生的责任中最紧的。"

连续举办6年（一年12次，一共72次）的"原一平批评会"，已经无法满足原一平的需要，他渴望更具体、更深入、更广泛的批评。

有一天，原一平灵机一动，他花钱请征信所的人调查自己的缺点。

原一平请了几个朋友和客户帮忙，借用他们的名义，雇用征信所的人来调查原一平。

调查项目包括：

（1）对原一平的评价。这里面有好的评论，也有坏的评

第五章　销售的准备策略

语，把这些好坏评语集合起来，再作综合总结。

（2）原一平的信用。配合对原一平的评语，加上信用的高低，即可整理出原一平的"市场评价"。

（3）对人寿保险的观感。既然要评估从事寿险业的原一平，那么对围绕在原一平四周的社会环境非彻底了解不可。所以，投保人对人寿保险的整体看法，他们有什么想法和意见，如何看寿险业务员，都是调查的重点。

（4）明治保险公司的声誉。还是围绕原一平的社会环境进行调查。明治保险公司的地位如何？别人对它的评价如何呢？

征信所的调查资料中，有责骂，也有赞美。原一平要的是如何改进，只有责骂和批评才会督促他更上一层楼。

每天进步一点点，原一平是这样想的，也是这样做的。

原一平在50年的推销生涯中，责骂和批评的意见已渐渐减少，最后几乎已没有了。当然，原来一无所有的穷小子原一平，也成了亿万富豪。

由此看来，每天进步一点点，让您拥有的每一时刻都去做富有成效的事情。

这一原则代表时间计划寻找潜在客户、销售和您生活中全

部其他内容。这听起来极其简单，但也是最容易被人忽视的最好原则之一。不论您在哪里，不论您做什么，都要不断自问：这是我此时所能做的事情吗？如果你不能做到这些的那天，你就需要掌握以下内容。

1. 制订第二天的工作计划

在您准确地制订了目标并写下来之后，就该制订时间计划了。晚上睡觉前，您第二天的计划准备好了吗？每天都要坚持您的计划，确实，销售人员没有计划真的无法工作，效率实在是太低了。

写下您第二天要做的事情：要打的电话、要会见的人、要执行的任务等与工作有关的事情。在把您生活中的属于其他类别的重要事情添加在单子上。写完之后，把单子放好，忘掉它，开始抓紧时间睡觉。

2. 留有计划外的时间

时间的流逝通过时间计划把您带到明天。在计划时间上重要的一步是不要过分安排您自己的事情。如果把一天的时间都安排得满满的，没有一点空闲，那么，一旦出现一种不可预料的危机或机遇该怎么办？是不是日程全部被打乱掉了。

不要设法计划每天的每一时刻，您不能这样做，至少尊重

第五章 销售的准备策略

您的潜在客户的时间。如果对方迟到了，您该怎么办？相应的是您迟到了，又会出现一声"糟糕"的叹息。

日程安排本身不是一种结束，知道您要达到目的的一种方法，要允许自己有一定的灵活性，并在您的计划中体现出来。大多数有经验的销售人员在制订计划时，只安排一天中90%的时间。时间计划新手应从一天的75%的时间开始做起，实践经验会使您很快达到专业的水平。

计划就是例行公事，专业的销售人员不会把这件事遗忘，它不是日常的一件琐事，它既是对令人兴奋的一天的总结，也是对更加兴奋的明天的展望。

3. 利用最好的工具

时间计划出来好，您就知道一天的时光该怎样度过了，那么现在我们开始工作了。相信您应该在您工作的地方安排您的业务。把电话号码、潜在客户的档案、参考资料及其他信息都放在您的身边，然后安安静静地利用15分钟的时间做个计划，用上您的时间计划、公文包或档案资料，开始组织您一天的工作内容。

您需要一个有效的工具，许多是现成的，如时钟或腕表和时间计划表等。找到一种让您感到舒服的并且需要使用的计划工具。把计划工具放在您容易拿到的地方。

　　坚持将您的日计划一贯进行下去。无论是在办公室,还是在家里,都不要让自己忽略这项重要的工作。即使是非常忙,也要抽时间找个地方将您的计划列出来。没有计划,您就不会拥有成效卓著、令人满意的一天。

　　把每个月的第一天当作计划的第一次机会。安排好所有重要的家庭、社会活动,记下重要的日期,如家庭成员生日、友好用户的重大周年纪念日等。把大的事项分解为每周操纵的、每天可做的任务。这样,您就不会被大量的工作所压倒。

　　坚持一边工作一边做准确的记录。不管有多忙,都不要等到这一天结束时才需要填写您的日志,否则有些事情会被遗漏掉,如电话号码、名字、地址及您将来需要的重要内容。因此,养成随时作记录的习惯对您的事业是有帮助的。

　　每一天结束时,回顾一下当天发生的事情。回想您成功的关键和失败的地方,哪个地方下次能够做得更好;谁帮助您摆脱了困境,谁妨碍了事情的进展;整体情况进展如何;具体情况怎么样。